마셜 로젠버그의 공감교육 워크숍

비폭력대화와 교육

비폭력대화와 교육

마셜 로젠버그의 공감교육 워크숍

발행 2023년 8월 1일 초판 3쇄

지은이 마셜 B. 로젠버그
옮긴이 정진욱
펴낸이 캐서린 한
펴낸곳 한국NVC출판사

등록 2008년 4월 4일 제300-2012-216호
주소 (03702) 서울특별시 서대문구 연희로15길 78 (연희동) 2층
전화 02-3142-5586 **팩스** 02-325-5587
이메일 books@krnvcbooks.com
웹사이트 www.krnvcbooks.com

ISBN 979-11-85121-24-6 04180
ISBN 979-11-85121-12-3(세트)

* 값은 뒤표지에 있습니다.
* 잘못 만든 책은 바꾸어 드립니다.

비폭력대화(NVC)
작은책 시리즈
07

마셜 B. 로젠버그 지음

정진욱 옮김

마셜 로젠버그의 공감교육 워크숍

비폭력대화와 교육

Teaching Children Compassionately

한국NVC출판사

차 례

 가슴의 언어

제1장

들어가며　009　　　　　　　자칼과 기린　011
관찰 vs. 평가　020　　　　　함께하는 힘　028
처벌과 폭력　030　　　　　　느낌 목록　036
욕구　042　　　　　　　　　부탁 vs. 강요　046
느낌과 욕구 듣기—공감적 연결　050　　호기심과 그린 젤-오　052
요약　055

 가슴으로 하는 대화

제2장

들어가며　59　　　　　　　　보호를 위한 힘　60
비판하지 않기　61　　　　　　우리의 목적　64
느낌과 욕구 듣기　66　　　　　당신의 현존이라는 선물　69
지금 하고 싶은 부탁을 명확하게 하기　71　　메시지가 받아들여졌는지 확인하기　74
어떻게 감사가 판단처럼 느껴질 수 있는가　82　　요약　85

부록

느낌말 목록　87　　　　　　　보편적인 욕구 목록　87
NVC를 적용하는 방법　88　　　CNVC와 한국NVC센터에 대하여　89
한국NVC센터 발행 서적·교구　92

제1장

가슴의 언어

들어가며

자칼과 기린

관찰 vs. 평가

함께하는 힘

처벌과 폭력

느낌 목록

욕구

부탁 vs. 강요

느낌과 욕구 듣기―공감적 연결

호기심과 그린 젤-오

요약

들어가며

이 글은 1999년 캘리포니아 샌디에이고에서 열린 몬테소리 교육자 총회 기조연설에서 마셜 로젠버그가 발표한 내용에서 발췌한 것이다. 여기에서 마셜은 비폭력대화(NVC)의 기본인 4요소를 설명하고, 이 4요소가 학교와 직장, 일상생활에서 어떻게 사용될 수 있는지를 보여준다. 마셜은 특히 기린과 자칼의 언어, 느낌과 욕구 어휘, 관찰과 평가의 차이와 부탁과 강요의 차이, 힘과 처벌의 역할, 그리고 공감으로 연결하기라는 중요한 기술을 설명한다.

비폭력대화는 여러 나라에서 '기린 언어'로 널리 알려져 있다. 마셜은 육상동물 중에서 심장이 가장 큰 기린을 NVC의 상징으로 골랐다. 비폭력대화는 삶의 모든 영역에서 연민과 즐거운 관계를 북돋우는 언어이다. 느낌과 욕구 표현을 강조하는 언어로서, 비폭력대화는 우리 안의 여린 면을 드러내도록 권한 뒤 그것을 힘으로 바꾼다.

마셜은 도덕적 판단을 하지 않으면서 우리 안에 있는 기린과는 반대되는 면을 보여주기 위해 자칼 인형을 자주 사용한다. 자칼은 다른 사람들의 느낌과 욕구뿐만 아니라, 우리 자신의 느낌과 욕구도 의식하지 못하게 가로막는 방식으로 생각하고 말하고 행동하는 우리의 한 면이다. '자칼' 언어를 쓰면 다른 사람들과의 관계에서 우리가 원하는 연결을 이루기가 매우 어려워지고, 그것을 쓰지 않을 때보다 삶이 훨씬 덜 풍요로워진다. NVC로 사는 것은 삶을 덜 풍요롭게 하는 생각과 습관들을 연민으로—도덕적 판단 없이—받아들임으로써, '자칼'을 인식하고 '자칼'과 친구가 되면서도 여전히 더 풍요로운 방식으로 삶을 경험할 수 있도록 우리 자신을 다시 훈련하는 것이다. 이 책에서 '기린'이라는 단어는 비폭력대화와 같은 뜻으로 사용되며, 때에 따라서는 비폭력대화를 실천하는 사람을 가리키기도 한다. '자칼'은 비폭력대화의 의식이 반영되지 않는 방식으로 생각하고 말하는 것을 의미한다.

자칼과 기린

오늘 이 자리에서 여러분과 몇 가지 생각을 나눌 기회를 가지게 되어 정말 기쁩니다. 제 아이들이 몬테소리 학교에서 받은 도움을 아주 감사하게 생각하는 사람으로서 이렇게 무언가를 돌려드리게 되어 기쁩니다. 우리 아이들은 많은 선물을 받았는데, 그 중 하나는 아주 어린 나이에 다른 언어들을 접했다는 것입니다. 제 큰아들은 브라질 상파울루에서 ESL 프로그램의 대표로 일하고 있습니다. 그리고 막내아들은 현재 스페인어 박사 과정에 진학할 예정인데, 다음 달에 제가 콜롬비아에서 시작하는 프로젝트를 위해 제 통역사로 동행하려고 합니다. 저는 이것이 우연이라고 생각하지 않습니다. 그래서 오늘 여러분과 이야기를 나누게 된 것이 제게는 정말 큰 기쁨이고, 여러분의 교육과 개인적인 삶에 제가 기여할 수 있기를 바랍니다.

저는 삶에 대한 경외심에 의해 동기가 부여되는 배움, 우리가 자신과 다른 사람들의 행복에 기여하는 데 더 도움이 되는 기술과 새로운 것을 배우고 싶은 바람에 의해 동기가 부여되는 배움에 관심이 있습니다.

저를 몹시 슬프게 하는 것은 강요에 의한 배움입니다. 제가 말씀드리는 강요란 학생이 처벌에 대한 두려움 때문에, 성적이라는 형태의 보상을 받기 위해, 죄책감이나 수치심을 느끼지 않기 위해, 또는 뭔가 막연히 '해야만 한다'는 느낌 때문에 배움에 참여하는 것입니다. 저는 이러한 강제적인 방식으로 동기를 부여받기에는 배움이란 것이 너무도 소중하다고 생각합니다.

그래서 저는 사람들을 배움으로 이끌어주는 능력을 가진 사람들, 하지만 그 배움이 강제적인 방식이 아니라 삶에 대한 경외심으로 동기가 부여되도록 돕는 사람들을 연구하는 데 오랫동안 관심을 가져왔습니다. 그리고 그런 사람들을 관찰하면서 발견한 것 중 하나는, 그들은 다른 사람들이 삶에 대한 경외심으로 동기가 부여되어 배우도록 돕는 언어를 사용한다는 것입니다.

그런 능력을 가진 사람들을 연구하면서 저는, 그들이 제가 교육받은 언어와는 다른 언어를 사용한다는 사실을 알았습니다. 그리고 사람들이 삶에 대한 경외심을 가지고 배움에 참여하도록 돕는 이 언어를 저는 공식적으로는 비폭력대화라고 부릅니다. 하지만 그것을 가르칠 때에는 재미있게 '기린 언어'라고 부르기도 하지요.

불행히도 저는 학교에서 기린 언어를 배우지 못했습니다. 저는 몬테소리 학교에 다니지 않았습니다. '자칼' 학교에 다녔지요. 그리고 여러분께서 짐작하시다시피, 자칼 학교에서는 교사들이 기린 언어가 아니라 자칼 언어를 사용했습니다. 여러분 가운데 아무도 자칼 말을 들어보신 적이 없기를 바랍니다. 저는 전 세계 모든 학교에서 자칼 언어가 법으로 금지되기를 바랍니다. 하지만 제가 다녔던 학교의 교사들은 자칼 말을 했습니다.

그러면 자칼 말을 쓰는 교사가 어떻게 말하는지 잠깐 보여드리겠습니다. 여러분이 제 학생들이고 제가 교사라고 해 봅시다. 저는 여러분 가운데 한 분이 저의 가치와 맞지 않는 행동을 하는 것을 보았습니다. 그 학생은 자리에 앉아서 제가 하라고 한 일은 하지 않고 그림을 그리고 있습니다. 제 등에 칼이 꽂혀 있고, 상처에서 피가 뿜어져 나오는 그림입니다.

제가 자칼 말을 하는 교사라면 그 학생을 어떻게 평가하겠습니까? 네, 그렇습니다. '이 아이는 정서적으로 문제가 있구나.'라고 하겠죠. 자칼 말을 하는 사람들은 그렇게 생각하도록 교육받았습니다. 갈등이 있을 때, 상대가 자신의 가치에 어긋나는 방식으로 행동하면 그 사람에게 뭔가 문제가 있다고 생각합니다.

다른 예로, 제가 한 말을 여러분이 이해하지 못한다고 해 봅시다. 그러면 저는 여러분을 '이해력이 부족한 사람'이라고 생각합니다. 여러분이 한 말을 제가 이해하지 못할 때 여러분은 '무례한 사회 부적응자'가 되지요.

제가 말을 굉장히 빨리 해서 여러분이 따라오지 못하면 '여러분의 청력에 문제가 있는 것'이고요. 여러분이 말을 빨리 해서 제가 못 알아들으면 '여러분은 발음에 문제가 있는 사람'이 됩니다.

보시다시피 자칼 교육은 아주 이상한 경험입니다. 자칼 학교에서 어떤 일이 일어나는지 예를 들어 보겠습니다. 여러분이 자동차 영업 사원인데, 차를 한 대도 못 팔고 있다고 상상해 봅시다. 자, 그러면 여러분은 고객들을 해고합니다. 이상하게 보일 수도 있겠지만, 제가 다녔던 자칼 학교들에서는 그런 일이 일어났습니다. 자칼 언어가 주로 사용되었고, 기준에 도달하지 못하면 승진도 안 되고 보상도 못 받았지요.

그런데 저는 제가 중요하게 생각하는 방식으로 가르치도록 사람들을 정말로 돕는 언어는 그동안 제가 배웠던 언어와는 매우 다르다는 것을 알았습니다. 그러면 저는 왜 그것을 기린 언어라고 불렀을까요? 기린은 육상동물 중에서 가장 큰 심장을 가지고 있지요. 잠시 후에 여러분께 보여 드리겠지만, 비폭력대화는 가슴의 언어입니다. 비폭력대화를 하려면 언제나 가슴에서 우러나 말하는 법을 배워야 합니다. 기린은 육상동물 중에 심장이 가장 크기 때문에 기린만큼 가슴의 언어를 잘 대변하는 이름도 없는 것 같습니다.

이제 여러분께 이 기린 언어, 비폭력대화를 보여 드릴 건데요. 학생들이나 다른 교사, 학부모들과 갈등을 해결할 때 어떻게 적용할 수 있는지 보여 드리겠습니다.

비폭력대화는 우리 자신과 다른 사람들 안에 있는 아름다움을 계속 의식할 것을 요구합니다. 이 대목에서 비폭력대화의 원리를 이해하는 데 도움이 될 만한 노래를 한 곡 불러 드리고 싶은데요. 아마 이 노래를 알고 계신 분이 많을 줄 압니다. 레드와 캐시 그래머 부부가 쓴 곡인데, 제가 최근에 함께 일을 했던 몇몇 몬테소리 학교에서 교육 목적으로 이 노래를 가르치고 있더군요. 제목은

\<나를 아름답게 보아 주세요\>입니다.

나를 아름답게 보아 주세요 See Me Beautiful

나를 아름답게 보아 주세요.

내 안에서 제일 좋은 것을 찾아봐 주세요.

그게 진짜 나예요.

또, 내가 되고 싶은 전부이고요.

시간이 좀 걸릴 수도 있어요.

찾기 힘들지도 몰라요.

그래도 나를 아름답게 보아 주세요.

나를 아름답게 보아 주세요.

매일 매일

그렇게 해 줄 수 있나요?

방법을 찾아볼 수 있나요?

내가 하는 모든 일에서

새어 나오는 찬란한 빛을 볼 수 있도록

그렇게 나를 아름답게 보아 주세요.[1]

---

1 캐시와 레드 그래머ⓒ1986, \<See Me Beautiful나를 아름답게 보아 주세요\>, Smiling Atcha music, Inc. Available from Red Note Records 800-824-2980

이렇게 비폭력대화는 우리의 의식을 우리 자신과 다른 사람들 안에 있는 그 아름다움에 매 순간 조율하도록 하는 방식이며, 어떤 식으로든 사람들이 자기 안의 아름다움에 대한 의식을 흐리게 할 수도 있는 말은 하지 않는 방식입니다. 비폭력대화는 아주 솔직하게 말할 수 있는 방법을 알려줍니다. 하지만 이때 비판이나 모욕하기, 깎아내리기, 잘못했음을 암시하는 지적인 판단을 하지 않으면서 그럴 수 있게 해줍니다. 어떤 식으로든 비판을 담고 있는 말을 많이 사용할수록 사람들이 자기 안의 아름다움과 연결되어 머물기가 더 어려워지기 때문이지요.

그래서 비폭력대화는 우리 안에 있는 그 아름다움과 다른 사람들 안에 있는 그 아름다움에 머무는 방법을 보여줍니다. 다른 사람들은 비폭력대화를 사용하지 않을 때도요.

부모로서 제가 가장 행복했던 날 중 하나는 제 첫째 아이가 몬테소리 학교가 아닌 일반 학교에 갔을 때였습니다. 큰아들 릭은 그때 열두 살이었는데, 몬테소리 학교를 졸업하고 동네에 있는 일반 학교에 처음 가는 날이었지요. 저는 학교생활의 처음 6년을 아주 다른 학교에서 보낸 아이가 일반 학교를 어떻게 생각할지 궁금했습니다.

그래서 첫날 아이가 집에 왔을 때 물어봤지요. "새 학교 어땠어?" 아이 반응은 '시큰둥'했습니다. 그러면서 이렇게 말하더군요. "괜찮긴 한데요, 아빠. 와, 선생님 몇 분은 정말……" 그래서 "무슨 일 있었니?"라고 물었죠.

그랬더니 이렇게 답하더군요. "아빠, 저는 학교 정문을 다 지나지도 않았어요. 진짜 정문을 반쯤 통과한 것 같았다고요. 근데 어떤 남자 선생님이 제 쪽으로 달려오더니 이렇게 말씀하시는 거예요. "이런, 이런. 이 아가씨 좀 보게." 이 선생님이 무엇에 반응하고 있는지 짐작이 가시지요? 제 아들이 머리를 어깨까지 기르고 있었거든요. 자칼 학교에서는 교사들이 무엇이 옳은지는 권위자가 다 알고 있다고 생각합니다. 너무 원시적인 생각 아닌가요? 게다가 모욕주기와 비판, 죄책감과 수치심으로 사람들에게 동기를 부여할 수 있다고 생각하지요. 그렇게, 제 아들은 다른 세상에 첫발을 들였습니다. 저는 물었지요. "그래서 어떻게 했니?"

아들이 이렇게 말하더군요. "아빠 말씀을 떠올렸어요. 그런 집단 안에 있을 때에는 너를 굴복시키거나 저항하게 만들 수 있는 힘을 절대로 그 사람들에게 주지 말라고 하신 거요." 그런 상황에서 아이가 추상적이지만 중요한 그 메시지를 기억했다는 사실이 부모로서 더할 나위 없이 기쁘더군요. 다른 사람이나 집단에 너를 굴복시키거나 저항하게 만들 수 있는 힘을 절대로 주지 마라. 그래서 제가 이렇게 말했습니다. "와, 네가 그걸 기억했다니 기쁘구나. 그래서 그 선생님 말씀에 어떻게 대응했니?"

아이가 이렇게 답했어요. "아빠, 그래서 다시 아빠 말씀대로 했어요. 기린 귀를 썼죠." 이 기술은 정말 대단합니다. 상대방이 무슨 말을 하든지 간에 그 사람 안에 있는 아름다움을 보도록 도와주거든요. 기린 귀는 상대방이 하는 말이나 그들이 소통하는 방식이 우리가 있고 싶지 않은 세계로 우리를 데려가도록 허용하지 않습니다.

기린 귀를 쓰는 순간 우리는 그 사람 안에 있는 아름다움만 들을 수 있어요. 상대방의 입이나 머리에서 나오는 말은 듣지 않습니다. 우리는 그 사람의 가슴 안에 있는 것을 봅니다.

그래서 제가 이렇게 말했어요. "야, 다시 한 번 정말 기쁘구나. 그 선생님이 그런 식으로 말할 때 인간적으로 그 사람 말을 들으려고 노력해야 한다는 걸 기억하다니." 기린 귀를 쓰면 우리 귀는 느낌과 욕구만 들을 수 있다는 거 아시죠? 항상, 그리고 모든 메시지 뒤에 있는 것이 바로 그것입니다. 느낌과 욕구, 그것이 비폭력대화의 기본 어휘이고, 기본 문해력입니다.

그리고 여러분은 모든 메시지 뒤에 있는 느낌과 욕구를 듣는 법을 배우고 계시죠? 제가 물었습니다. "기린 귀를 쓰고 그 선생님의 느낌과 욕구를 들으려고 했을 때 무엇을 들었니?" 아들이 말했어요. "아주 분명했어요, 아빠. 선생님은 약간 짜증이 났고 제가 머리를 자르기를 원한다고 들었어요."

제가 다시 물었습니다. "그래서 네 느낌은 어땠니?" "그 선생님을 보니 슬펐어요. 대머리인데, 머리에 문제가 좀 있는 것 같았어요."

저는 얼마 전에 워싱턴 주에서 8학년 아이들에게 비폭력대화를 가르치면서 제 아들이 썼던 것과 같은 방법을 보여 주었습니다. 기린 귀를 쓰는 법을 연습했지요. 아이들은 부모와 교사들이 하는 말

중에 듣기 힘든 말 몇 가지를 제게 알려 주었습니다. 저는 아이들에게 그런 말을 하는 사람의 내면에 있는 아름다움에 연결하는 법, 그 아름다움을 보는 법을 보여 주고 있었지요.

저는 이렇게 말했습니다. "기린 귀를 쓰는 순간, 자칼이 언제나 같은 노래를 부르고 있는 것을 듣게 될 거야. 바로 <나를 아름답게 보아 주세요>라는 노래지." 나중에 피드백을 받았는데, 그 학교에서 제가 괴물들을 만들어 놨다고 하더군요. 교사들이 소리를 지를 때마다 아이들이 어깨동무를 하고는 <나를 아름답게 보아 주세요>를 부른다는 겁니다.

아까도 말씀 드렸다시피, 느낌과 욕구가 바로 비폭력대화의 기본 어휘입니다. 두 가지 다른 요소들이 더 있기는 하지만, 여러분이 느낌과 욕구를 말할 수 있다면 다른 사람들이 우리의 인간적인 모습을 보기가 더 쉬워집니다. 그들이 우리 안에 있는 아름다움을 보기가 더 쉬워집니다. 그리고 우리가 비폭력대화로 살아갈 때, 우리는 오직 상대방의 느낌과 욕구만 볼 수 있습니다.

관찰 vs. 평가

저는 오늘 학생들의 수행평가를 하실 때 절대로 자칼 말로 하지 마시기를 선생님들께 제안합니다. 교사로서, 우리의 의식에서 다음 단어들을 없애버립시다. 옳다, 그르다, 좋다, 나쁘다, 맞다, 틀리다, 배우는 게 더디다, 배우는 게 빠르다. 이것들은 위험한 언어입니다.

미국의 어느 학교에서 만난 몇몇 교사들은 옳다, 그르다, 좋다, 나쁘다, 맞다, 틀리다라는 단어들을 사용하지 않고 하루를 보낸다는 걸 상상조차 하기 어려워했습니다. "그럼 수행평가를 어떻게 하나요?"라고 물으면서요. 비폭력대화로 평가하는 법을 보여 달라고 했습니다. 그래서 수학, 영어, 미술 등 그날 수업 몇 과목을 제가 맡아서 하고, 교사들은 비디오카메라를 들고 저를 따라 다녔죠. 교사들에게 자칼 말이 아니라 기린 말로 수행을 평가하는 법을 보여 주려고요. 비디오테이프로 4시간 정도를 촬영했는데, 나중에 교사 교육에서는 그중 처음 10분만 사용했다고 합니다. "요점을 전달하는 데 그 정도면 충분합니다. 교사들에게 교실에서 자칼 언어 말고 기린 언어를 사용해야 한다고 설득하는 데 10분이면 충분했어요."라고 하더군요.

그럼 처음 10분 간 무슨 일이 있었을까요? 첫 수학시간에 저는 아홉 살쯤 된 남자아이를 만났는데, 그 아이는 방금 수학 문제 한 페이지를 다 푼 참이었어요. 아이가 쓴 답 가운데 하나를 보니까

9+8=14라고 했더군요. 정답은 16인데 말이에요. (마셜의 농담, 교사들 웃음)

그래서 제가 말했죠. "네가 어떻게 이런 답을 얻게 되었는지 궁금하구나. 난 다른 답을 얻었거든. 어떻게 이 답을 구했는지 보여 줄 수 있겠니?" 이것이 기린 언어로 그런 문제를 평가하는 방법입니다.

무슨 일이 일어났을까요? 아이가 바닥으로 시선을 떨어뜨리는가 싶더니 눈물을 글썽거렸어요. 그래서 "왜 그러니?"라고 물었더니, "제가 틀렸어요."라고 하더군요. 보세요. 이제 겨우 3학년인데 벌써 자칼 귀 쓰는 법을 배웠어요. 그래서 어떤 사람이 가슴으로부터 말을 해도 자기가 뭔가 잘못했다는 말로 듣는 겁니다. 그 아이는 '틀렸다'라는 말을 자기의식 속에 가지고 있을 뿐 아니라, 틀렸다는 걸 '자기는 바보'라는 뜻으로 받아들여서 수치심을 느낀다는 게 너무도 분명해 보였죠. 또 다른 자칼 개념이 있습니다. 영리한 사람이 있고 멍청한 사람이 있다, 좋은 질문이 있고 바보 같은 질문이 있다는 것이지요.

그래서 우리가 사람들을 비판과 부정적인 판단을 듣도록 훈련시키면, 어떤 배움이건 요리조리 빼며 치과에 가지 않는 것만큼이나 괴로운 일이 됩니다. 우리가 영리하건 멍청하건 옳건 그르건 간에, 다른 사람들이 하는 말에서 비판을 듣거나 그들이 우리를 어떻게 생각할지 걱정할 때, 그것은 우리가 스스로를 어떻게 보는가에 심각한 영향을 끼칩니다. 우리는 스스로를 아름답다고 보지 못합니다. 그렇게 볼 수가 없습니다.

학교교육은 상대방이 **어떤 사람인가**를 생각함으로써 그 사람을 비인간적으로 대하도록 우리를 가르칩니다. 저도 그렇게 배웠습니다. 그래서 저는 사람들 안에 있는 아름다움과 연결하는 데 도움이 되는 다른 언어를 개발하기 위해 굉장히 노력해왔습니다.

이제 그 언어가 어떤 것인지 보여 드리겠습니다. 지금 이 순간에 여러분의 삶을 아름답게 하지 않는 방식으로 행동하는 누군가를 떠올려 보세요. 학교에 있는 어떤 사람일 수도 있고, 가족 가운데 한 사람일 수도 있습니다. 아이, 학생일 수도 있고, 자녀나 부모님, 다른 교사일 수도 있습니다. 여러분 집에 자칼 말을 하는 아이가 있을 수도 있지요. 그 아이는 끔찍한 자칼 말들, 예컨대 "싫어!" 같은 말을 씁니다. 아니면, 여러분의 부모님이나 다른 교사들이 때때로 이런 말을 할 수도 있겠지요. "문제는 네가 너무 _____ 하다는 거야."

실제 상황을 떠올려 보세요. 그런 다음 이 질문에 대한 답변을 적어 보세요. **당신의 삶을 덜 풍요롭게 만든, 상대방이 한 구체적인 행동이 무엇인가요?**

제가 샌프란시스코의 한 학교에서 교사들에게 같은 질문을 했습니다. 그 학교가 속한 학군의 교육감이 그 학교 교사들과 교장 사이에 갈등이 많으니 해결을 좀 해달라고 요청했었거든요. 저는 먼저 교사들을 만나서 문제가 무엇인지 확인한 다음에, 교사들과 교장이 함께 앉은 자리에서 우리가 모두의 삶을 좀 더 풍요롭게 만들 방법이 있는지를 알아보려 했습니다.

　그래서 제가 방금 드린 질문과 같은 질문을 교사들에게 했지요. "교장 선생님의 행동 중에 같이 일하는 걸 어렵게 만드는 행동 하나를 말해 보세요." 제가 들은 첫 번째 대답은 이것이었습니다. "교장은 입이 너무 커요."(big mouth: 말이 너무 많다는 뜻—옮긴이) 한 남자 교사가 한 말이었죠.

　제가 한 질문과 제가 들은 대답의 차이가 보이시지요? 저는 관찰, 즉 구체적인 행동을 말해 달라고 했는데, 대답은 평가였어요. 이것이 전형적인 자칼 언어입니다. 이 언어를 사용하는 사람들은 관찰과 평가를 잘 구분하지 못하지요.

　그래서 그 남자 선생님에게 방금 한 답변은 제 질문에 대한 대답이 아니라고 말했습니다. 제가 관찰을 말해 달라고 하자 그 선생님은 대답을 못 했어요. 평가를 섞지 않고는 어떻게 말해야 할지를 몰랐지요. 그러자 옆에 있던 여자 선생님이 도우려고 나서더군요. "저는 이 선생님이 무슨 말씀을 하려는지 알아요." 그래서 제가 다시 물었죠. "네, 무슨 뜻인가요?" "교장 선생님께서 말씀이 너무 많다는 거예요."

　'너무'는 자칼이 아주 좋아하는 단어입니다. 자칼 사람들이 생각하는 방식, 그 사람들이 세상을 보는 방식이지요. 자칼 사람들에게는 모든 것에 '딱 맞는다' '너무 많다' '너무 적다'가 있습니다. 그래서 그들이 위험해지는 거예요. 그 사람들은 자기가 옳은/딱 맞는 것을 알고 있다고 생각하기 때문이에요.

그래서 전 '너무 많다'는 평가라고 지적하고는 다시 관찰을 요청했어요. 그랬더니 다른 선생님이 이렇게 말해요. "자기 말만 중요하다고 생각해요." "아뇨, 교장 선생님이 어떻게 생각할 것이라는 선생님의 생각도 평가입니다. 제가 원하는 건 관찰이에요."

그랬더니 그렇게 고등교육을 받은 교사들이 모두 침묵합니다. 아무도 제 질문에 답을 할 줄 몰라요. 조금 있다가 한 여자 선생님이 이렇게 말했어요. "너무 어려워요." 그래서 제가 말했습니다. "맞습니다. 특히 여러분이 저처럼 자칼 말을 하도록 교육 받았다면 관찰과 평가를 구분하기가 아주 어렵습니다."

실제로 인도의 철학자인 크리슈나무르티는 "인간 지성의 가장 높은 형태는 평가하지 않고 관찰하는 능력"이라고 했습니다. 그래서 저의 도움을 많이 받아 그 선생님들은 마침내 명확한 관찰을 할 수 있게 되었습니다. 그중 선생님들이 가장 힘들어한 것이 이것이었어요. 일주일에 한 번씩 하는 교직원 회의에서 교장 선생님이 회의 주제에서 벗어나, 자기가 전쟁에 참가했던 이야기, 자기 어렸을 적 이야기들을 하느라 회의 시간이 항상 예정보다 20분이나 더 걸린다는 거였습니다.

그래서 제가 선생님들에게 물었죠. "여러분 중에 그 일을 교장 선생님께 이야기해 보신 분이 계신가요?" 그러니까 이렇게 대답하더군요. "그 점에 대해 이야기하려고 하면 평가가 너무 많이 섞여서 교장 선생님이 방어적이 될까봐 걱정됩니다." 선생님들은 이 문제에 대해 교장 선생님께 이야기를 하는 것이 좋겠다는 결정을 내렸고, 만일에 대비해서 제게 회의에 참석해 달라고 요청했습니다. 결론을 말씀드리자면, 제가 회의에 참석한 것이 다행이었습니다. 교직원 회의가 시작되자마자 선생님들이 제기한 문제가 무엇인지 바로 알 수 있었죠. 어떤 주제가 나오든 상관없이 교장 선생님은 바로 "그 말을 들으니 생각나는데……"라면서 이야기를 시작했습니다. 저는 누군가가 그런 행동에 대해 그리고 그 행동이 자기들 마음에 들지 않는 이유를 교장 선생님에게 이야기하기를 기다렸습니다. 하지만 기린 말을 하는 대신에 많은 비언어적 자칼 말이 행해지고 있었지요. 예를 들면, 선생님들은 눈을 굴리고, 옆 사람을 쿡쿡 찌르고, 하품하고, 시계를 보고, 시계를 귀에 가져다 댔어요. 시계도 다 전자시계던데 말이죠!

이윽고 제가 입을 열었습니다. "혹시 뭔가 이야기하고 싶은 분 계신가요?" 그러니까 우리의 첫 번째 모임에서 말을 했던 남자 선생님이 얼굴이 벌겋게 되어서는 교장 선생님에게 이렇게 말했어요. "교장 선생님은 입이 너무 커요." 제가 그렇게 가르쳤는데 말이에요!

여러분이 적은 걸 한번 보세요. 명확한 관찰을 적으셨나요, 아니면 평가가 섞여 있나요? 여러분 가운데 몇 분이 적은 걸 한번 읽어주시겠어요?

(참석자 중 한 사람을 가리키면서) 네, 뭐라고 쓰셨어요?

"그는 소리를 지른다."

　제 이야기를 들으시면 제가 왜 "그는 소리를 지른다."를 관찰로 보지 않는지 이해가 되실 겁니다. 샌프란시스코에 있는 한 학교에서 교사 워크숍을 해 달라는 요청을 받았는데, 교육감 말로는 교사들 사이에 인종 갈등이 상당하다는 겁니다. 저는 교사들에게 다른 교사가 하는 행동 중 마음에 들지 않는 것 하나를 말해 달라고 요청했습니다. 그러자 한 남자 선생님이 옆에 있는 여자 선생님을 보면서 이렇게 말했어요. "저는 교직원 회의에서 선생님이 소리를 지르는 게 싫습니다." 그 여자 선생님은 이렇게 대꾸했지요. "누가 소리를 질러요?" 두 선생님은 서로 다른 문화권에 속해 있었는데, 여자 선생님은 그걸 소리 지른다고 생각하지 않았어요. 그리고 10여 분 후에 이 여자 선생님은 소리 지르기에 대한 자신의 정의에 따라 그 남자 선생님께 소리를 지르기 시작했는데, 그 차이가 분명히 보이더군요. '소리 지른다'는 여러분이 그것을 어떻게 듣느냐에 따라 다릅니다. 그러니까 "다른 사람들보다 목소리를 높인다."라는 식으로 이야기를 할 필요가 있지요. 그러면 관찰이 될 수 있습니다.

　(마셜, 참석자 중 한 사람을 가리키면서) 네. (지목한 사람이 답한다.) "아이는 자기가 원하는 걸 얻지 못하면 소리를 지르고 운다." 네, 그것은 관찰입니다. "미성숙한 방식으로 대응한다."와 같은 위험한 언어를 섞지 않아서 기쁩니다. 우리가 머릿속에 '미성숙한 아이' 같은 것이 있다는 생각을 가지고 있지 않기를 바랍니다.

(마셜, 다시 한 사람을 가리키면서) 네. (지목한 사람의 답변에 대하여) 그 점을 알아차리셔서 기쁩니다. 말씀하신 "협력하기를 거부한다."에서 저는 '협력'과 '거부'가 모두 관찰이 아니라고 봅니다. "내가 원하는 것을 하지 않는다."는 관찰이 아니라는 데에 저도 동의합니다. 관찰을 하려면 지금 일어나고 있는 일에 대해 우리가 훨씬 더 정직할 필요가 있다는 걸 아시겠지요?

자, 또 다른 분? (한 사람을 가리키면서) 네. (답변에 대하여) 방금 선생님께서 "그룹을 방해한다."라고 말씀하셨는데요. 그 점과 관련해 제가 좀 민망한 경험을 한 적이 있습니다. 어떤 경험인가 하면, 한 번은 제가 많은 선생님이 모인 자리에서 이 프로세스를 어떻게 하는 건지 시범을 보이고 있었는데, 연단에는 저와 함께 시범을 보일 학생이 몇 명 있었어요. 자, 관찰할 수 있는 행동은 이것입니다. 제가 말을 끝내기 전에 한 학생이 자기 말을 하기 시작하는 일이 세 번 연속으로 있었어요. 이것이 관찰입니다. '내가 말을 끝내기 전에 한 학생이 말을 하기 시작했다.' 그래서 제가 말했어요. "얘야, 네가 나를 방해할 때 나는 좌절감이 들어." 그러자 다른 학생이 말했어요. "걔는 방해하는 게 아니라 도와드리고 있었는데요." 이건 실제로 있었던 일입니다. 그래서 저는 굉장히 민망했지요. 그 아이는 제가 관찰과 평가를 혼동하고 있던 상황을 놓치지 않고 지적했어요.

함께하는 힘

그렇다고 비폭력대화를 하려면 우리가 완전히 객관적이어야 하고 평가는 무조건 피해야 한다는 것은 아닙니다. 사실은 전혀 그렇지 않은데, 비폭력대화의 다음 단계는 평가를 포함하기 때문입니다. 우리는 우리가 관찰한 행동을 평가할 겁니다. 하지만 힘을 사람들을 지배하는 게 아니라 사람들과 함께하는 데 쓰는 방식으로 평가를 할 것입니다. 비폭력대화는 힘, 즉 사람들과 함께하는 힘이라는 개념에 바탕을 두고 있습니다. 우리는 사람들이 행동하는 이유가 '그것이 어떻게 삶을 풍요롭게 해줄지'를 알기 때문이기를 원합니다. 사람들이 무엇을 하는 동기가 내면으로부터 나오게 할 수 있는 능력이 우리에게 있을 때, 그것이 바로 '함께하는' 힘(power-with)입니다. 반대로, 지배하는 힘(power-over)은 사람들이 우리의 요구를 충족시키지 못했을 때 우리가 그들에게 무엇을 할지에 대한 두려움 때문에, 또는 그들이 우리의 요구를 충족시켰을 때 우리가 어떻게 보상할지에 대한 두려움 때문에 그 일을 하게 만듭니다.

　제 아이들은 이 지배하는 힘이라는 수단이 가진 위험성을 아주 어린 나이에 제게 가르쳐 주었습니다. 아이들이 제게 가장 먼저 가르쳐 준 것은 제가 아이들로 하여금 어떤 일을 하게 만들 수 없다는 것입니다. 제가 받은 자칼 교육 때문에, 저는 사람들이 바른 일을 하도록 만드는 것이 교사나 부모의 역할이라는 생각을 가지고 있었습니다. 그런데 두 살 된 아이가 제게 가르쳐 주더군요. 제가 무슨 생각을 가지고 있든지 간에 다른 사람들이 그 일을 하게 만들 수는 없다는 걸요. 심지어 아이들이 장난감 상자에 장난감을 넣게 만들 수조차 없었습니다. "상자에 장난감 넣어라. 이제 곧 나갈 거야." "싫어요No." "내 말 들었니?" "아뇨No." 전 아이들이 어떤 일을 하도록 만들 수 없었죠. 제가 할 수 있는 건 아이들이 그 일을 안 한 걸 후회하게끔 만드는 것뿐이었어요.

그리고 아이들은 힘에 대해 두 번째 교훈을 가르쳐 주었습니다. 아이들이 그 일을 안 한 걸 후회하게 만들면, 아이들은 내가 자기들을 후회하게 만든 걸 후회하게 만든다는 겁니다. 간단히 말하자면, 폭력은 폭력을 부른다는 말이지요. 제가 원하는 걸 얻기 위해 폭력을 사용했을 때에는 언제나 그 대가를 치릅니다.

처벌과 폭력

그러면 우리가 피하기를 원하는 폭력의 유형을 제가 몇 가지 제시해 보겠습니다. 첫째는 모든 처벌이라는 폭력입니다. 지금 이 순간부터는 어떠한 처벌도 사용하지 않으려고 힘써 봅시다. 처벌은 지구상에서 폭력의 근원입니다. 처벌을 전혀 포함하지 않고도 사회적 규칙과 규정을 유지할 수 있는 방법들이 있습니다. 스스로 두 가지 질문을 해 보면 처벌이 전혀 효과가 없다는 것을 알 수 있습니다.

첫 번째 질문: 상대방이 무엇을 하기를 바라는가? 이 질문만 하면 처벌이 효과가 있다고 주장할 수 있습니다. 여러분은 아마 어떤 사람이 자기가 한 일로 처벌을 받아서, 아니면 처벌하겠다는 위협이 두려워서 어떤 행동을 했던 상황들을 떠올려볼 수 있을 겁니다. 하지만 두 번째 질문을 해 보면 처벌이 전혀 효과가 없다는 것을 알 수 있습니다.

두 번째 질문은 이것입니다. 상대방이 우리가 부탁하는 행동을 할 때 어떤 이유로 그렇게 하기를 바라는가?

우리 문화 안에서 자란 사람들 대부분이 처벌 없는 세상을 상상하기가 힘듭니다. 사람들은 처벌이 없다면 아무 일도 진행되지 않는, 혼돈스러운 무정부 상태가 되리라는 끔찍한 생각을 합니다. 앞의 두 가지 질문을 분명히 이해할 때까지는 그런 생각에서 벗어나기가 어렵습니다. 이 두 가지 질문을 분명히 이해하지 못하면 처벌이 효과가 있다고 결론짓기 쉽지요. 하지만 실제로는 그렇지 않습니다.

한번은 샌프란시스코에 있는 한 학교 교장인 제 친구의 사무실에 앉아 무슨 일인가를 하고 있었습니다. 그 친구가 운동장을 내다보다가 "마셜, 나 잠깐 나갔다 올게." 하더군요. 제 친구는 밖으로 뛰어나가더니, 자기보다 작은 아이를 때리고 있던 큰 아이를 붙잡았어요. 그러고는 그 아이를 때리면서 이렇게 말하는 거예요. "너보다 작은 사람들을 때리면 안 된다는 걸 내가 가르쳐 주마." 저랑 그 친구는 아주 친해서 제가 놀려도 괜찮았습니다. 그래서 친구가 교장실로 돌아왔을 때 제가 말했죠. "내가 보기엔 그 아이에게 자네가 가르치고 있다고 생각한 것을 가르쳤을 것 같지 않아." "무슨 뜻이야?" "그 아이한테 더 작은 사람을 때리면 안 된다는 걸 가르쳐 주겠다고 했잖아? 그런데 자네도 그 아이보다 큰데 그 아이를 때렸잖아. 내가 보기에, 자네는 방금 자기가 옳고 벌을 줄 수 있을 만큼 크면 상대방을 때려도 괜찮다는 생각을 키워 준 것 같은데." "그 생각은 미처 못 했네." 그래서 제가 말했죠. "하지만 뭔가는 가르쳤다고 생각해." "그게 뭔데?" "교장 선생님이 보고 계실 때에는 작은 아이들을 때리면 안 된다는 거."

처벌이 무엇을 가르치는지를 정말로 명확히 이해하게 되면 우리는 절대 처벌을 사용하지 않으리라고 저는 확신합니다. 우리는 학교와 사회 전반에서 질서를 유지하는 다른 방법을 사용할 것입니다.

그렇게 처벌은 폭력의 한 형태입니다. 폭력의 두 번째 형태는 보상입니다. 이 점을 이해하기 어려우시다면 알피 콘(Alphie Kohn)의 『보상으로 처벌하기*Punished by Rewards*』라는 책을 한번 읽어 보시기 바랍니다.

죄책감도 제가 정의하는 폭력의 한 형태입니다. 세계 여러 나라에서 우리가 설립한 비폭력대화 학교에서는 죄책감에 의한 처벌을 허용하지 않습니다. 처벌, 보상, 죄책감, 이런 것은 '차이'를 해결하는 데 허용되지 않는 수단들입니다. 죄책감 게임을 하려면, 사람들이 여러분의 느낌을 만들어 낼 수 있다고 믿도록 그들을 속여야 합니다. 그래서 여러분은 다음과 같이 죄책감 게임을 하는 법을 배워야 합니다. "네가 숙제를 하지 않으면 나는 정말 마음이 아파." "내가 말하고 있는데 네가 끼어들면 나는 정말 화가 나." 여러분이 사람들에게 여러분의 괴로움의 원인은 그들이라고 확신시키려고 할 때 죄책감 게임이 벌어집니다. 이런 죄책감 대신 쓸 수 있는 다른 방법을 나중에 보여 드리겠습니다.

또 다른 형태의 폭력은 사람들로 하여금 수치심에서 일을 하게 하려는 시도입니다. 앞에서 이미 그것에 대해 언급했습니다. 꼬리표를 다는 것이지요. 우리가 원하는 일을 사람들이 하지 않으면 '게으르다' '배려심이 없다' '멍청하다' 같은 꼬리표를 달지요. 잘못을 암시하는 꼬리표 달기는 다 폭력적인 행동입니다. 그것은 사람들로 하여금 수치심에서 어떤 일을 하도록 만들려는 시도입니다.

그리고, 제 가치관에 따르면, 교육자로서 우리가 사용할 수 있는 가장 나쁜 폭력은 '**암트스프라헤**(Amtssprache)'일 것입니다. 이 단어는 '사무 용어' 또는 '관료 용어'라고 번역할 수 있는데요. 제가 왜 이용어를 사용할까요? 저는 이 용어를 나치 전범인 아돌프 아이히만에게서 빌려 왔습니다. 예루살렘에서 열린 전범 재판에서 아이히만은 "수만 명의 사람들을 죽음으로 몰아넣는 일은 어려웠는가?"라는 질문을 받았습니다. 아이히만은 이렇게 대답했지요. "솔직히 말하자면 쉬웠다. 우리의 언어가 그것을 쉽게 만들었다." 그 답변은 질문자를 경악하게 만들었습니다. 그래서 질문자가 "그것이 무슨 언어인가?"라고 물었죠. 아이히만이 대답했습니다. "나를 포함한 나치장교들은 우리 언어를 부르는 말을 가지고 있었다. 우리는 그것을 암트스프라헤라고 불렀다. 그것은 자신의 행동에 대한 책임을 부인하는 언어이다. 그래서 누군가가 그런 일을 왜 했느냐고 물으면 '해야만 했다'라고 대답한다." "왜 해야만 했는가?" "상관의 지시라서. 회사의 정책이라서. 그것이 법이라서."

여기 전형적인 암트스프라헤, 영어에서 가장 위험한 단어들이 있습니다. 해야 한다(have to), 할 수 없다(can't). 그리고 여기 저속한 말들이 나옵니다. 저속함이 싫다면, 이런 말에 귀를 닫으세요. 해야만 한다, 하지 않으면 안 된다, 하는 게 당연하다.

제가 미주리 세인트루이스에서 학부모와 교사들을 상대로 한 워크숍에서 이 말을 했는데요. 그것들이 폭력적인 언어이고, 암트스프라헤이고, 선택에 대한 책임을 부인하는 언어라고 하니까 학부모한 분이 상당히 못마땅해 했습니다. 그리고 이렇게 말씀하시더군요. "하지만 누구나 해야 할 일들이 있지 않나요? 우리 아이들에게 반드시 해야 할 일들을 가르치는 건 부모와 교사가 할 일인데요. 저도 날마다 해야 하는 일들이 있고, 그 일들은 하기 싫지만 제가 꼭 해야 하는 것입니다." 그래서 제가 "예를 들어 주시겠어요?" 했습니다. "예를 들자면, 이 워크숍이 끝나면 저는 집에 가서 밥을 해야 하는데, 전 정말 요리하는 걸 싫어해요. 지긋지긋할 정도로 싫어하죠. 하지만 지난 20년간 날마다 해왔고, 온몸이 부서질 만큼 아플 때도 했어요."

그래서 저는 그 말을 들으니 매우 슬프다, 우리가 강요에 의해 어떤 행동을 하면 모든 사람이 그 대가를 치르기 때문이다, 라고 말했습니다. 다행히 그분은 배우는 속도가 굉장히 빨랐어요. 그날 저녁에 집에 가서 가족들에게 이제 더는 밥을 하지 않겠다고 선언했답니다. 그리고 나중에 저는 그분 가족에게서 피드백을 받았어요.

3주 후에 제가 같은 지역에 있을 때 그분의 두 아들이 저녁 모임에 왔더군요. 모임을 시작하기 전에 저를 만나러 왔기에, 만나서 반갑다고 인사를 하고 나서 제가 물었죠. "있잖아요, 당신 어머니는 이틀에 한 번 꼴로 저한테 전화하시는 것 같은데, 전화를 해서는 비폭력대화를 배운 이후로 자기 삶에서 일어난 주요 변화들에 대해 이야기하고 계세요. 그리고 저는 항상 궁금한 게 있는데, 가족 중 한 사람이 집에 와서 갑자기 다른 언어를 쓰기 시작하면 다른 식구들은 어떤가요? 어머니가 이제 더는 밥을 하지 않겠다고 선언한 첫날 저녁에 어땠어요?"

그러자 큰아들인 존이 이렇게 말했어요. "그 말을 듣자마자 전 '하느님, 감사합니다.'라고 했어요." "왜 그런 말을 했는지 내가 이해할 수 있게 도와주실래요?" "이젠 밥 먹을 때마다 엄마의 불평을 듣지 않아도 되겠구나, 생각했거든요."

이처럼 누군가가 강요 때문에 뭔가를 하면 모든 사람이 그 대가를 치릅니다. 놀이가 아니라면 하지 마세요. 바닥 청소든 화장실 청소든 거기에 강압적인 면이 전혀 없고 그것이 어떻게 삶을 풍요롭게 하는지를 우리가 안다면, 그것은 놀이가 될 겁니다. 하지만 '그걸 해야만 해.'라고 자신에게 말한다면 즐길 수가 없겠지요. 아니면 싫어하면서 하게 될 거예요. 해야만 하는 일은 하지 마세요. 놀이가 아니면 하지 마세요. 그것이 삶에 기여한다는 것을, 그리고 그것이 어떻게 삶에 기여하는지를 여러분이 안다면, 그것은 놀이가 될 겁니다. 그것이 힘든 일일지라도 놀이가 될 거예요.

그러니까 우리는 강제하지 않고도 사람들이 배울 수 있게 하는 방식으로 평가하기를 바랍니다. 그리고 그를 위해, 비폭력대화는 옳다 그르다, 좋다 나쁘다를 내포하는 언어나 '암트스프라헤'가 아닌, 가슴의 언어를 사용해서 사람들의 행동을 평가할 것을 제안합니다. 이미 말씀드린 것처럼, 가슴의 언어를 쓰려면 느낌과 욕구를 표현하는 어휘를 익히는 것이 중요합니다.

느낌 어휘

느낌을 한번 봅시다. 저는 여러분께 누군가가 하는 여러분이 좋아하지 않는 행동, 삶을 멋지게 만드는 데 기여하지 않는 행동을 하나 떠올려 보시라고 부탁드렸습니다. 이제 종이에 그 질문에 대한 답을 적어 보세요. 그 행동이 일어날 때 느낌이 어떤지 적어 보세요. 그 사람이 그렇게 행동할 때 느낌이 어떤가요?

몇 분께서 적은 느낌을 한번 들어보겠습니다. (청중의 답변을 들으면서) 혼란스럽다, 예. 불편하다, 예. 걱정된다, 예. 외롭다, 예. 화난다, 예. 슬프다, 예. 네, 뭐라고 하셨죠? 열등감이 느껴진다? 열등감은 자기 판단입니다. 그건 스스로에 대한 생각이에요. 내가 어떤 사람인지에 대한 머릿속 개념이지요. 느낌이 아닙니다. 예컨대, 저는 제가 기타 실력이 열등하다고 판단하지만, 기타 치는 건 좋아합니다. 그래서 제가 "나는 기타 실력이 열등하다고 느낀다."고 말하면 그건 제 느낌이 어떤가는 말해주지 않습니다. 저는 기타를 칠 때 기쁨을 **느낍니다.** 제 실력이 어떻다고 **판단**하느냐고 물으신다면 저는 열등하다고 판단할 겁니다.

무력하다, 예. 좌절스럽다, 예. 배신당한 느낌이다? 그건 느낌이 아니죠. 제가 다른 비슷한 단어들을 말씀 드려 볼 테니 이 단어들과 느낌을 혼동하지 않도록 귀를 훈련해 보시기 바랍니다. 제가 지금부터 말씀 드릴 단어들은 느낌이 아니고, 기린 옷을 입은 자칼들입니다. 이 단어들은 마치 우리가 느낌을 표현하는 것처럼 가장할 수 있게 해주지만, 사실은 이때 우리가 표현하는 것은 상대방에 대한 우리의 판단입니다.

예컨대, '배신당한 느낌이다'는 어떻게 느끼는지를 말해 주지 않지요. 마음이 아픈지, 슬픈지, 화가 나는지를 말해 주지 않습니다. 그보다는 여러분이 마음속에 상대방이 여러분을 배신하고 있다는 이미지를 가지고 있음을 말해 줍니다.

또 다른 예들을 말씀 드려 볼까요? **이해받지 못하는** 느낌이다, **조종 당하는** 느낌이다, **이용당한** 느낌이다, **비판받는** 느낌이다. 이 단어들 역시 느낌이 아닙니다. 이 단어들은 모두 사람들이 무엇을 하는가에 대한 머릿속 이미지에 가깝고, 정말로 가슴 차원에서 우리를 연결해 주기보다는 문제를 일으키기가 더 쉽습니다.

제 느낌 어휘가 썩 좋지는 않습니다. 저는 21년간 학교를 다녔는데, 한 번도 누가 저한테 제가 어떻게 느끼는지 또는 무엇이 필요한지(이건 다음에 우리가 볼 건데요) 물어본 기억이 없습니다. 저는 제가 한 인간으로서 무엇을 느끼고 필요로 하는지에는 전혀 관심이 없는 게임을 하는 학교에 다녔습니다. 게임은 정답을 맞히는 것이었지요. 여러분이 느낀 것, 즉 사람들의 느낌과 욕구는 고려해야 하는 것이 아니었어요.

영어라는 언어 자체에 문제가 있기도 합니다. 제가 워크숍을 진행했던 다른 문화권 언어들에 비해서 영어에는 느낌 단어의 수가 적습니다. 어떤 문화들에서는 느낌을 나타내는 어휘가 훨씬 풍부하지요. 저는 『비폭력대화』라는 책에서 독자들이 느낌 단어를 개발하는 데 도움이 되도록 느낌을 나타내는 영어 단어들을 한 페이지로 정리해 두었습니다. 이 목록을 만드느라 정말 고생했지요. 그런데 한 번은 스페인어 학교에서 워크숍을 했는데, 한 선생님이 느낌 단어 페이지에 열심히 적고 있는 걸 보았습니다. 쉬는 시간에 그 선생님이 적어놓은 걸 살펴보니, 영어 단어 하나마다 스페인어 단어들이 4~5개씩은 되더군요.

미국의 심리학자인 롤로 메이(Rollo May)는 성숙한 사람은 자신의 내면에서 진행되는 삶을 묘사할 수 있는 능력이 있는데, 심포니 오케스트라의 연주만큼이나 복잡하게 자신의 삶을 묘사할 수 있도록 해 주는 느낌 어휘를 가지고 있다고 말합니다. 그런데 안타깝게도 우리 대부분은 우리 내면의 삶에 대해 이야기할 때 작은 양철 호루라기 소리처럼 들리는 어휘만 가지고 돌아다닌다고 했습니다. 이렇게 우리는 우리 내면의 아름다움을 보도록 교육받은 적이 없습니다. 우리는 착한 남자 아이, 착한 여자 아이, 좋은 엄마, 좋은 아빠, 좋은 교사가 되도록 교육받았는데, 그런 교육은 우리를 삶과 단절되게 만듭니다. 우리를 머리로 가게 하지요. 그래서 비폭력대화에서 두 번째 단계는 우리에게 느낌 어휘를 배울 것을 요구합니다.

다음 단계는 우리 느낌의 원인을 의식하고 자신의 느낌에 대해 책임을 지도록 하는 것입니다. 제가 여러분께 두 가지 질문을 하고 있는데, 첫째는 "상대방이 무엇을 했는가?"이고, 둘째는 "그 사람이 그 행동을 **할 때** 어떤 느낌이 드는가?"입니다. 제가 "그 사람이 그 행동을 했기 때문에 어떤 느낌이 드는가?"라고 묻지 않았다는 점에 주목하시기 바랍니다. 이제 우리 느낌의 원인이 결코 상대방이 한 행동에 있지 않다는 걸 보여 드리겠습니다. 다른 사람들이 하는 행동은 우리의 느낌을 일으키는 자극일 뿐, 우리의 느낌의 원인일 수는 없습니다. 그렇다면 우리 느낌의 원인은 무엇일까요?

그런데 제가 지금 여러분께 가르쳐 드리려는 것은 여러분이 여섯 살 때 이미 알았던 것입니다. 아마 이 격언을 다 아실 거예요. "막대기와 돌멩이는 내 **뼈**를 부러뜨릴 수 있지만……" 그 뒤는 뭐지요? (답: 말은 절대로 나를 해칠 수 없다―옮긴이)

제가 한 아이에게 어떤 일을 하라고 했는데 그 아이가 "나 좀 내버려 둬, 바보야."라고 대꾸했다고 합시다. 물론 여러분의 학생들은 절대 그런 식으로 말하지 않겠지만, 어떤 선생님들은 학급에 그런 학생들이 정말로 있다고 말씀하시더군요. 제게 그런 식으로 말하는 학생에 대해 제가 어떻게 느낄까요? 다른 사람은 제가 무엇을 느끼도록 만들 수 없기 때문에, 제가 어떻게 느끼느냐는 저의 선택에 달려 있습니다. 저로 하여금 그렇게 느끼게 만드는 것은 저의 선택입니다.

우리는 사람들이 우리를 기분 나쁘게 만들 수 없다는 걸 여섯 살 때 알았습니다. 우리가 어떻게 느끼는가는 우리가 자극을 어떻게 받아들이는가에 달려 있다는 말입니다. 하지만 그때 우리는, 제가 앞에서 짧게 말씀 드린 것처럼, "네가 그렇게 말할 때 나는 화가 난다. 네가 그렇게 하면 나는 마음이 아프다."와 같은 말로 죄책감을 심어 주려는 부모와 교사들에 의해 우리가 다른 사람의 느낌을 일으킬 수 있다고 믿도록 교육받았습니다.

그래서 아이가 "나 좀 내버려 둬, 바보야."라고 말하면 저는 저 자신을 판단하고 아마 상처를 받을 겁니다. 그걸 비판으로 받아들여서 기분이 아주 나쁘겠지요. 하지만 아이가 저를 바보라고 불러서 기분이 나쁜 것이 아닙니다. 그것을 제가 받아들인 방식 때문에 기분이 나쁜 것입니다.

이제 제가 상대를 판단하기로 선택했다고 합시다. 그러면 저는 화가 날 텐데, 이 아이가 무례하게 행동하고 있다고 저 자신에게 말하고 있기 때문입니다. 하지만 아이가 제게 욕을 해서 화난 것이 아닙니다. 제가 그것을 그런 식으로 보기로 선택한 겁니다.

그렇게 우리 중 일부는 자기 내면을 보면서 상황을 개인적으로 받아들이기로 선택합니다. 그러면 우리는 죄책감, 수치심, 우울을 느끼면서 인생의 많은 시간을 보낼 것입니다. 우리가 다른 사람들을 판단한다면, 우리는 많은 시간을 화가 난 상태로 살게 될 겁니다. 그리고 우리 중 일부는 그러는 데 아주 소질이 있지요. 어느 순간에는 "학생이 내게 저런 식으로 말하다니 난 정말 형편없는 선생이구나."라고 말하면서 죄책감이나 수치심을 느끼다가, 다음 순간에는 휙 뒤집어서 화를 냅니다. 우리는 평생을 화, 죄책감, 수치심, 우울, 화, 죄책감, 수치심, 우울 사이를 오락가락하며 살아갑니다.

그런데 우연히도 분노, 우울, 죄책감, 수치심이라는 느낌들은 모두 비폭력대화를 하는 사람에겐 아주 소중합니다. 이런 것들이 왜 소중할까요? 그 느낌들 모두가 우리가 죽었다고 우리에게 알려 주기 때문입니다. 우리가 죽었다는 말은 우리 자신과 다른 사람들 내면을 보기 위해서 정말로 우리의 주의를 두어야 하는 곳으로부터 단절되어 있다는 의미입니다. 그러면 우리의 주의를 어디에 두어야 할까요? 욕구, 비폭력대화의 가장 중요한 요소인 욕구에 두어야 합니다.

욕구

그래서 그런 말을 들었을 때 우리가 할 수 있는 또 하나의 선택은 우리 느낌 아래에 어떤 욕구가 있는지를 보는 것입니다. 그것은 언제나 어떤 욕구입니다. 우리가 정말로 진실하다면, 핵심은 나의 어떤 욕구가 충족되지 않고 있다는 뜻입니다. 그래서 우리의 느낌을 욕구와 연결할 필요가 있고, 우리 느낌의 책임이 다른 사람에게 있음을 암시하는 식으로 표현하지 않을 필요가 있는 것입니다. 그래서 "나는 좌절스럽다/화난다/짜증난다/힘이 빠진다."와 같은 느낌을 말할 때마다 그다음에 오는 두 단어는 "왜냐하면 나는"입니다.

우리는 자신의 느낌에 책임을 집니다. "나는 ……하다고 느낀다. 왜냐하면 나는 ~." "너는 ……하다고 느낀다. 왜냐하면 너는 ~."이라고 말합니다. 우리가 매일 하는 말 속에서 그런 것들을 뒤섞어 버리면, 우리는 경계를 모호하게 만들고 온갖 **재미없는** 게임을 하기 시작합니다.

그래서 저는 여러분이 지금부터 자신의 욕구 어휘를 개발하기를 바랍니다. "이 상황에서 나는 ~(욕구 이름)이/가 필요하기 때문에 ……를 느낀다."라고 말씀해 보세요. 그런 식으로, 상대방이 어떤 행동을 할 때 충족되지 않는 여러분의 욕구와 연결하세요. (참고: 마셜이 다시 청중에게 대답을 구한다. 욕구 개념을 이해하는 데 도움이 되도록, 그 대답들을 마셜의 답변과 함께 본문에 포함시켰다.)

먼저 각자 쓰신 상황에서 느낀 느낌이 어떤 욕구와 연결되었습니까? 수용에 대한 욕구, 안전에 대한 욕구. 네, 좋습니다. 또 다른 욕구가 있나요? 존중. 네, 좋아요. 승인? 승인은 아니죠. 그건 아주 위험한 단어입니다. 우리는 승인을 필요로 하지 않습니다. 우리는 욕구와 부탁을 구분하기를 원합니다. 누군가에게 우리가 하는 어떤 일을 승인해 달라고 부탁할 수는 있겠지만, 저는 여러분이 승인과 감사를 절대로 뒤섞지 않으시기를 바랍니다. 또 다른 욕구가 있나요? 네, 평화. 안전. 모두 욕구들이죠. 신뢰에 대한 욕구, 상호 의존에 대한 욕구, 사랑에 대한 욕구. 기린은 **사랑**이라는 단어를 욕구말로 사용합니다. 자칼은 **사랑**이라는 단어를 느낌말로 쓰지요.

사랑과 관련해 기린과 자칼의 차이를 보여 드리겠습니다.

여러분이 사랑을 욕구말로 썼기 때문에 저는 여러분이 비폭력대화를 이해하고 있음을 압니다. 이제 어떤 사람이 "나를 사랑하나요?"라고 물으면, 여러분은 "당신은 사랑을 느낌말로 사용하나요?"라고 묻습니다. 상대방의 반응은? "네, 당연하죠." 그러면 여러분은 이렇게 말합니다. "저는 정직하기를 원하기 때문에 그 점을 꼭 알 필요가 있어요. 우리는 사랑이라는 단어를 느낌말로 쓰지 않고 욕구말로 쓰니까요. 이제 당신이 사랑을 느낌이라고 생각한다는 걸 알았으니, 한 번 더 물어봐 주세요."

"나를 사랑하나요?" 그러면 여러분은 이렇게 답합니다. "언제요?"

"언제냐고요!?" "네, 우리는 정직하기를 원하잖아요. 당신이 제 느낌을 알고 싶다면 저는 주어진 순간에 대해서만 대답을 할 수 있답니다." "그럼 지금 이 순간에요." "사랑하지 않아요. 하지만 몇 분 있다가 다시 한 번 물어보세요. 그때는 사랑할지도 모르니까요."

이것이 기린이 사랑을 정의하는 방법입니다. 기린에게 "사랑이 당신의 욕구인가요?"라고 물으면 "그래요."라고 대답합니다. 기린에게 "제가 그 욕구를 어떻게 충족시킬 수 있을까요?"라고 물으면 기린은 "기린 말을 하세요."라고 대답할 겁니다.

제가 오늘 여러분과 나누고 있는 것은 실제로 그동안 제가 사랑에 대해 배운 것, 즉 사랑을 사는 법입니다. 사랑은 여러분이 느끼는 것이 아니라 사는 것입니다. 그래서 저는 다른 사람들을 비판하지 않으면서 우리 자신을 솔직하게 드러내는 정도만큼 사랑을 표현한다고 말하고 싶습니다. 그리고 나머지 절반은 다른 사람들이 우리에게 보내는 메시지에 우리가 어떻게 반응하느냐입니다. 그래서 저는 사랑이란 우리가 자신을 드러내는 방법이요, 우리가 다른 사람들의 메시지를 받는 방법이라고 생각합니다. 제가 아는 한, 그것이 사랑에 대한 욕구를 충족하는 가장 강력한 방법입니다.

저는 방금 여러분께 "지금 어떠세요?"라는 물음에 비폭력대화로 답하는 법을 가르쳐 드렸습니다. 그 질문은 지구상 어디에서나 들을 수 있습니다. "How are you?" 제가 경험한 모든 문화에서, 사람들은 만나면 "How are you?"라고 물었지요.

자칼 문화에서도 이 질문을 하지만 사람들은 어떻게 대답해야 할지 모릅니다. 가슴의 언어를 모르기 때문이지요. 자칼들은 자신이 어떻게 느끼고 무엇을 원하는지를 말로 표현할 줄을 모릅니다. 그래서는 이 질문이 그저 인사치레에 그칠 뿐이지요. 하지만 우리가 상호 존중을 북돋우는 방식으로 가르치고자 한다면, 이 질문은 아주 중요합니다. 우리는 우리가 지금 어떠한지를 정말로 보기 위해서 가슴으로부터 평가를 해야 합니다. 그리고 우리가 하는 교육은 느낌과 욕구를 표현하는 법과 듣는 법, 둘 다를 아주 중시합니다.

부탁 vs. 강요

사람들에게 우리가 지금 어떠한지를 (관찰, 느낌, 욕구로) 말하고 난 다음 단계는 명료한 부탁을 하는 것입니다. 이때 부탁이 강요로 들리지 않게 할 필요가 있습니다. 왜냐하면 강요는 지는 게임이기 때문입니다. 누군가가 어떤 일을 하는 것이 중요할수록, 그들이 여러분의 요청을 강요가 아니라 부탁으로 듣는 것이 중요합니다. 사람들은 강요를 들으면 거의 언제나 그것에 저항할 테니까요.

자신의 느낌과 욕구를 말한 다음에는 아주 분명한 부탁, 즉 상대방에게 무엇을 원하는지를 말합니다. 이때 부탁은 부정이 아닌 긍정적인 말로 표현하는 것이 중요합니다. 다시 말해서, 여러분이 원하지 않는 것 말고 원하는 것을 말해야 합니다.

한번은 일리노이 주에서 교사 워크숍을 한 적이 있는데요. 이 학교에서는 학생들이 자꾸 창문을 깨트려서 문제가 되고 있었습니다. 제가 이렇게 말했죠. "네, 문제가 무엇인지 알겠습니다. 학생들이 행동을 어떻게 바꾸기를 원하시나요?" "그야 말할 것도 없죠. 창문을 깨지 않는 것이지요." 그래서 제가 말했습니다. "여러분께서 원치 않는 것을 제게 말씀하시면 컨설턴트로서 제 일은 아주 쉬워집니다." "정말요? 어떻게 하면 되나요?" "아이들을 죽여 버리면 되죠. 연구에 따르면, 죽은 아이들은 창문을 깨지 않는다고 합니다." 혹시라도 밖에 나가서 제가 "아이들을 죽여 버리라"고 했다는 말씀은 하지 마세요. 신문에 이렇게 납니다. **"비폭력 활동가, 창문 깨는 아이들을 죽여 버리라고 제안"**

제가 교사들에게 말하려던 바는, 우리가 어떤 행동을 없애려고 할 때마다 폭력이 매력적으로 보이게 된다는 겁니다. 제가 여러분께 앞에서 드렸던 두 가지 질문에 대한 답을 명확히 해야 합니다. 무엇을 원하는가? 그리고 더 중요하게는, 상대방이 그 행동을 하는 이유가 무엇이기를 원하는가?

우리가 하는 부탁을 명료한 행동 언어로 말할 필요가 있는 것은 그 때문입니다. "난 네가 내 말을 들어 주기를 바라." 같은 모호한 말은 행동 언어가 아닙니다.

한번은 어느 부부가 제 워크숍에 왔습니다. 아내가 남편한테 "내가 말할 때 당신이 내 말을 들어 주기를 바라."라고 말했어요. 남편은 "난 잘 듣고 있어."라고 답했지요. 그러자 아내가 다시 "아니, 당신은 내 말을 안 들어."라고 했고, 남편도 다시 "잘 듣는다니까."라고 대꾸하더군요. 이런 대화를 그 부부는 12년이나 해 왔답니다. 문제는 **듣다**라는 단어에 있었지요. 너무 모호해요. 그래서 비폭력대화로 부탁을 표현할 때에는 아주 명료하게 할 필요가 있습니다.

또, 상대방이 그것을 강요가 아니라 부탁으로 들어야 합니다. 상대방이 강요로 들으면 어떤 일이 일어나는지 보여 드리겠습니다.

제가 미국 동부의 한 학교에서 워크숍을 하고 있을 때였는데요. 사회적, 정서적으로 문제가 있다는 꼬리표가 붙은 학생이 40명 정도 있었습니다. 여러분, 솔직히 말씀해 보세요. 여러분이 사회적, 정서적으로 문제가 있다는 꼬리표가 붙은 반에 속해 있다면, 그건 학교에서 자기 마음대로 해도 된다는 허락을 받은 거나 마찬가지 아닌가요? 꼬리표는 자기 충족적인 예언으로 이어집니다. 우리가 학생들을 학습 부진아라고 생각하면 그 아이들은 학습 부진아가 될 겁니다. 우리가 어떤 사람들이 사회적, 정서적으로 문제가 있다고 하면 그 사람들은 그렇게 될 거예요.

그래서 저는 이미 아주 힘든 하루가 될 줄 알고 있었죠. 단지 이 학생들에게 어떤 꼬리표가 붙어 있는지 만으로도요. 제가 교실에 발을 들여놓자마자 문제가 시작되더군요. 학생들 절반가량이 창문가에서 운동장에 있는 친구들과 욕설을 주고받고 있었죠. 그래서 저는 먼저 명료한 부탁을 했습니다. 제 목소리가 잘 들리도록 목소리를 높여야 했어요. "자, 모두 제자리로 돌아와 앉아 주시겠어요? 내 소개도 하고, 내가 오늘 여러분과 무엇을 할 건지 말하고 싶으니까요." 절반 정도가 왔어요. 혹시 나머지 학생들이 내 말을 잘 못 들었나 싶어서 한 번 더 말했죠. 그러자 두 명만 빼고 다 왔어요. 남은 둘 중 한 명한테 제가 말했죠. "내가 방금 뭐라고 말했는지 들은 대로 다시 말해 줄래요?" 그러니까 그 학생이 이렇게 대답하더군요. "그러죠. 우리한테 자리로 돌아가 앉아야 한다고 하셨어요." 보세요, 이게 바로 자칼 교육의 산물입니다. 이 학생은 벌써 강요를 듣고 있어요. 저는 부탁을 하는데 그 학생은 강요로 듣는 거죠.

그래서 제가 말했습니다. "선생님(Sir)……" (그 학생처럼 이두박근이 발달한 사람에게는, 그 우람한 이두박근에 문신까지 새겨져 있을 때에는 더더욱, 존칭을 붙여야 한다는 걸 저는 알고 있었지요.) "선생님한테 뭔가를 강요하는 게 아니라 부탁하고 있다는 제 마음을 전하려면 제가 어떻게 말하면 되는지 말해 주시겠어요?" "뭐라구요?" 보세요, 이것은 패러다임의 대전환입니다. 자칼 학교에 오래 있을수록 그렇게 전환하기가 더 힘들어집니다. 그래서 그것이 우리교육에서 중요한 부분입니다. 우리가 하는 것은 부탁이지 강요가아니라는 것을 상대방이 믿을 수 있도록, 우리의 부탁을 명료하게하는 법을 교사들에게 보여 주는 것 말입니다. 사람들은 강요를 들으면 복종하거나 아니면 반항하거나 둘 중 하나이기 때문입니다.

느낌과 욕구 듣기—공감적 연결

비폭력대화의 나머지 절반은, 제 아들 이야기로 이미 보여 드린 것처럼, 기린 귀를 쓰고서, 우리에게 오는 모든 메시지를 상대방의 느낌과 욕구 표현으로 듣는 법을 배우는 것입니다. 어떤 메시지든요. 그래서 상대방이 침묵할 때 우리는 침묵을 듣지 않습니다. 기린 귀를 쓰고 있으면, 우리는 그 침묵 뒤에 있는 그 사람의 느낌과 욕구를 듣습니다. 상대방이 "싫어!"라고 말할 때, 우리는 '싫다'는 말을 듣지 않습니다. 상대방의 느낌과 욕구를 듣지요. 우리는 추측을 해야 합니다. 하지만 **인간성**을 바탕으로 추측합니다. 그것이 바로 비폭력대화가 우리에게 가르쳐 주는 바입니다. 우리에게 어떤 메시지가 오든 간에 우리는 상대방의 느낌과 욕구를 추측합니다.

　제가 팔레스타인의 난민 캠프에 있는 모스크에서 워크숍을 할 때였습니다. 통역사가 제가 미국인이라고 소개하자마자 뒤쪽에 앉아 있던 한 남자가 벌떡 일어서서는 "살인자!"라고 제게 소리를 질렀습니다. 누군가가 저를 살인자라고 부를 때 저는 무엇을 들을까요? "나를 아름답게 보아 주세요."입니다. 사람들이 그들 안에 있는 아름다움을 가장 알아보기 힘든 방식으로 표현할 때, 그들은 우리가 그들 안에 있는 아름다움을 보아 주기를 가장 절실히 원하고 있습니다. "나 좀 내버려 둬, 바보야."라고 말하는 학생처럼요. 또는 아무 말도 하지 않는 학생처럼요. 그때가 그들이 공감을 가장 많이 필요로 할 때입니다. 그것이 비폭력대화의 나머지 절반인 듣는 것에 대한 정확한 용어입니다. 공감적 연결이지요. 제가 교육 목적으로 이 작은 이미지(기린)를 사용하지만, 그것이 공감이라는 아름다운 개념입니다. 우리가 하는 교육은 모든 메시지에 공감으로 대응하는 법을 보여줍니다.

그래서 그 사람이 저를 살인자라고 부를 때 제가 무엇을 들었을까요? 저는 그가 무엇을 느끼고 있는지를 감지했습니다. 그리고 그가 무엇을 필요로 하는지를 감지했지요. 그 상황에서 여러분이 아무 말도 안 하더라도, 여러분의 주의가 그곳에 있다면 그것이 그 즉시 대화를 바꾸어 놓습니다. 하지만 이 상황에서 저는 그것을 입 밖으로 내어 확인을 했지요. 제가 그 사람을 이해했는지 확신이 서지 않았기 때문입니다. 한 시간쯤 후에 그 남자는 저를 자기 집에서 열리는 라마단 저녁 식사에 초대했습니다. 그리고 그 지역에서 우리는 이스라엘 쪽에 다섯 곳, 팔레스타인 쪽에 네 곳의 기린 학교를 운영하고 있습니다.

이 모든 일은 제가 그의 메시지 뒤에서 그가 "나를 아름답게 보아주세요"를 부르고 있는 걸 들었기 때문에 가능했습니다. 그래서 비폭력대화의 나머지 절반은 상대방의 느낌과 욕구가 무엇이건 간에 그것을 듣는 법을 배우는 것입니다.

호기심과 그린 젤-오

제가 가르친 어린아이들의 표현을 이용해서 지은 노래로 오늘 교육을 마무리하겠습니다. 우리는 여러 학교에서 학생들에게 비폭력대화를 어떻게 가르칠 수 있는지를 교사들에게 가르칩니다. 그 방법 중 하나는 제가 가서 시범을 보인 다음에, 방과 후에 교사들과 함께 하면서 그것을 가르치는 법을 보여 주는 것입니다.

학생들에게 비폭력대화를 가르칠 때 저는 "여러분은 뭐가 궁금한가요?"라는 질문으로 시작합니다. 학생들에게 그 질문을 하면 온갖 대답들이 나오는데 그 대답들을 이 노래에서 들으실 수 있습니다. 방과 후에 교사들에게도 같은 질문을 합니다. 여러분은 무엇이 궁금한가요? 교사들이 보이는 가장 전형적인 반응이 뭔지 아세요? 침묵입니다. 그러면 제가 이렇게 말합니다. "여섯 살과 지금 사이에 우리에게 무슨 일이 일어났을까요? 아이들이 그 질문에 어떻게 반응하는지 보셨죠? 우리는 어떻게 된 걸까요?" 그러면 교사들이 이렇게 말하죠. "제가 궁금해 하는 걸 말하면 바보처럼 보일까 봐 겁이 났어요." "제가 궁금해 하는 게 비정상적인 것일까 봐 걱정됐어요." 그것이 우리에게 일어나는 일입니다. 우리는 궁금해 하는 능력을 잃어버렸어요. 우리는 내면에 생동하는 것보다는 우리가 어떤 사람인지를 걱정하게 만드는 방식으로 교육을 받습니다.

어느 날 제가 여섯 살 반에 들어가서 아이들에게 물어봤는데, 맨 먼저 한 남자 아이가 대답했어요. 그 대답을 보면 아이가 아주 오랫동안 그 문제를 생각해 왔다는 걸 알 수 있습니다. 그 아이는 이렇게 말했어요. "우리 강아지가 왜 속에 포도가 든 그린 젤-오를 안 먹는지 궁금해요." 이 노래의 가사들은 거의 다 아이들의 말에서 따온 것입니다.

그린 젤-오 노래

나는 우리 강아지가 왜 그린 젤-오를 안 먹는지 궁금해요
난 그린 젤-오가 뱃속에서 꾸물꾸물 녹는 걸 좋아하는데
나는 거북이가 머리를 속으로 집어넣을 때 궁금해요
그 속은 아주 깜깜해서 무서울까요
나는 돌멩이가 딱딱한 걸 좋아하는지 궁금해요
나는 하늘이 파란 걸 좋아하는지 궁금해요
나는 나비(butterfly)가 버터(butter)를 좋아하는지 궁금해요
나는 당신이 당신인 걸 좋아하는지 궁금해요

나는 왜 내가 늘어나는 걸 못 느끼는지 궁금해요
사람들은 나보고 날마다 자란다고 하는데요
나는 왜 항상 잘 들어야 하는지 궁금해요
내가 하는 것보다 더 많은 말들을요
나는 풀은 자기가 잘릴 때 우는지 궁금해요

나는 비는 떨어지면서 아픈지 궁금해요

나는 지구는 돌면서 어지러운지 궁금해요

나는 작은 지렁이들이 작다고 느끼는지 궁금해요

나는 왜 그렇게 많은 사람들이

하기 싫은 일을 하는지 궁금해요

내가 노래를 불러주고 나면

음악이 어디론가 사라지는지 궁금해요

나는 나이가 드는 게 슬픈지 궁금해요

나는 달이 누가 곁에 있는 걸 좋아하는지 궁금해요

나는 왜 약간 무서운 게 재미있는지 궁금해요

나는 당신도 나처럼 궁금한지 궁금해요

요약

강압적인 수단으로 동기를 부여하기에는 배움은 너무도 소중합니다. NVC는 삶에 대한 경외심에 의해, 기술을 배우려는 욕구와 우리 자신과 다른 사람들의 행복에 기여하려는 욕구에 의해 동기가 부여되는 배움에 관심 있습니다. 사람들이 삶에 대한 경외심을 가지고 배우도록 돕는 언어를 우리는 공식적으로 비폭력대화라고 부릅니다. 교육을 위해서 때로는 '기린 언어'라고도 부르지요. 그 반대인 '자칼 언어'는 '해야만 한다'라는 단어를 사용합니다. 비폭력대화의 기본 어휘는 느낌과 욕구로 구성되어 있습니다.

비폭력대화로 자신을 표현하려면 느낌과 욕구 어휘를 개발하는 것이 중요합니다. "나는 ……가 필요하기 때문에(욕구) ~을 느낍니다(느낌)." 비폭력대화의 또 다른 기본 개념은 관찰과 평가를 구분하는 것입니다. 관찰은 일어나고 있는 일을 명료하고 간결하게 기술하는 것입니다. 행동에 대한 모든 평가(판단)는 사람들을 '지배하는 힘'이 아니라 사람들과 '함께하는 힘'의 원칙에 따라 느낌과 욕구로 표현됩니다. 지배하는 힘은 처벌과 폭력으로 이어집니다. 함께하는 힘은 두려움이나 죄책감·수치심·분노보다는 연민과 이해, 그리고 삶에 대한 경외심에 의해 동기가 부여되는 배움으로 이어집니다. 함께하는 힘은 우리의 욕구가 강요보다는 부탁으로 들리도록 해 줍니다. 강요가 방어와 거절을 일으키는 반면, 부탁은 상대에게 들려서 이해와 수용을 받을 가능성을 키워줍니다. 느낌과 욕구를 말한 다음에는 상대방이 무엇을 하기를 바라는지 아주 분명하게 부탁합니다. 부탁할 때에는 우리가 원치 않는 것 말고 우리가 원하는 것을 긍정형으로 표현합니다.

우리의 욕구와 느낌을 표현하고 우리의 욕구를 부탁으로 표현하는 것에 더해서, 비폭력대화는 우리에게 오는 모든 메시지에서 상대방의 느낌과 욕구를 듣고 '공감으로 연결'할 것을 요구합니다. 간단히 말해서, 비폭력대화는 매 순간 우리 의식의 초점을 우리 자신과 다른 사람들 내면의 아름다움에 두는 것입니다.

제2장

가슴으로 하는 대화

들어가며

보호를 위한 힘

비판하지 않기

우리의 목적

느낌과 욕구 듣기

당신의 현존이라는 선물

지금 하고 싶은 부탁을 명확하게 하기

메시지가 받아들여졌는지 확인하기

어떻게 감사가 판단처럼 느껴질 수 있는가

요약

들어가며

이 글은 제1장의 기조 발표 후에 진행된 워크숍 내용에서 발췌한 것이다. 그 자리에서 마셜은 한 여성 교사와 역할극을 연습한다. 마셜은 그 교사에게 삶을 풍요롭게 하지 않은 행동을 한 어떤 사람을 떠올려 보라고 요청했다. 워크숍의 목적은 참가자들이 비폭력대화로 느낌과 욕구를 표현하는 방법을 배우고 연습하며, 다른 사람들의 느낌과 욕구에 공감으로 연결하는 법을 배우도록 돕는 데 있다. 비폭력대화의 의도는 모든 사람의 욕구가 충족되고 모든 사람을 위해 삶을 더욱 풍요롭게 만드는 연결을 만들어 내는 것이라는 사실을 기억하자.

보호를 위한 힘

마셜 자, 선생님께서 상대방과 비폭력대화로 대화하려 할 때 먼저 할 일은 그 사람이 선생님의 삶을 풍요롭게 하지 않은 어떤 행동을 했는지 말하는 겁니다. 상대방이 선생님이 원치 않은 어떤 행동을 했습니까?

여성 참가자 세 살짜리 남자아이인데요. 다섯 살 된 아이의 목을 졸랐어요.

마셜 좋습니다. 제가 앞에서 말씀 드리지 않은 것이 힘을 사용하는 것인데요. 여러분은 언제 힘을 씁니까? 제가 "처벌은 안 된다."고 말씀 드렸지만 '보호 목적의 힘'을 사용하는 것까지 안 된다는 것은 아닙니다. 비폭력대화에서는 **보호**를 위한 힘을 사용하는 것과 **처벌**을 목적으로 힘을 사용하는 것의 차이를 인식해야 합니다. 때로는 말 대신 행동이 필요합니다. 방금 말씀하신 경우가 아마도 말을 하기 전에 행동을 먼저 취해야 하는 예가 될 것 같은데요. 저라면 힘을 사용해서 먼저 그 행동을 멈추게 하겠습니다. 때리겠다는 건 아닙니다. 때리는 건 처벌 목적으로 힘을 사용하는 것이지요. 하지만 힘을 사용해야 할 때도 있습니다. 그때 우리가 초점을 둘 점은 행동의 목적이 위험한 행동을 중단시키는 데 있다는 것입니다.

비판하지 않기

어떤 사람이 우리가 좋아하지 않는 방식으로 행동할 때 그가 정말 다르게 행동하기를 바란다면 우리는 어떻게 해야 할까요? 제가 권하는 첫 번째 단계는 **그가 지금 하는 행동이 세상에서 그가 할 수 있는 가장 멋진 일**이라는 것을 그에게 진심으로 전달하는 것입니다. 그래서 그 사람이 다른 사람을 때리고 있는데 그 사람의 욕구를 충족할 수 있는 다른 방법을 고려하게 하려 한다면, 그 사람과 대화를 시작하기 위해 우리가 할 수 있는 가장 효과적인 방법은 그 사람이 자신의 행동에 대해 아무런 비판도 받지 않는다고 느끼게 하는 방식으로 이야기를 하는 것입니다. 그 사람이 우리의 입에서 나오는 말을 조금이라도 비판으로 듣는다면, 자기가 지금 하는 행동이 잘못되었다는 뜻으로 해석할 터이고, 그러면 그 사람이 새로운 가능성을 배우기 위해 마음을 열기가 더 어려워질 겁니다. 그렇다면, 상대방이 지금 하고 있는 행동이 그가 할 수 있는 가장 멋진 일이라는 데 의심의 여지가 없다는 점을 그 사람에게 어떻게 전달할까요? 비폭력대화로 그 사람의 느낌과 욕구를 듣는 것입니다. 언어적, 비언어적 커뮤니케이션을 통해 전달되는 그 사람의 메시지에 주파수를 맞추세요. 이 경우에 우리가 받는 커뮤니케이션은 다른 사람을 때리는 것입니다. 비폭력대화에서 우리는 모든 메시지를 느낌과 욕구의 표현으로 듣습니다. 누군가가 행동을 바꾸기를 원한다면, 가장 먼저 할 일은 그 사람이 그런 행동을 하는 이유를 우리가 이해한다는 사실을 비판이 전혀 내포되지 않은 방식으로 명확하고 진지하게 전달해야 한다는 걸 앞서 말씀 드렸습니다.

　이해가 좀 더 잘 되시도록 제가 이야기를 하나 해 드리겠습니다. 여섯 달 전에 스위스에서 한 여성이 점심시간 후에 워크숍에 돌아와서 제게 이렇게 말했어요. "마셜, 오늘 아침에 제게 말씀해 주신 것에 대해 정말 감사드려요. 그냥 한번 시도해 봤는데, 그게 얼마나 대단한 결과를 가져왔는지 믿기지 않을 정도예요." 그래서 제가 물었죠. "시도를 해보셨다고요?" "네, 점심시간에 집에 전화를 했어요. 저는 열다섯 살 된 아들과 2년간 싸움을 하고 있습니다. 아들은 2년째 담배를 피우고 있죠. 2년간 저는 아들이 담배를 끊게 하려고 노력했는데, 제가 이야기를 할수록 아들은 더 피워 댔어요. 우리가 다른 사람을 바꾸려고 애쓰고 그것이 우리의 목적인 한, 그 사람은 그에 저항할 것이라고 하신 말씀이 정말로 와 닿았어요. 그래서 집에 전화했더니 둘째가 받았어요. 형 어디 있냐고 물었더니 뒷마당에 있다고 하더군요. 그건 큰애가 담배를 피우고 있다는 말이에요. 적어도 집 안에서는 담배를 피우지 않기로 합의했거든요. 그래서 '형 좀 바꿔 주렴.' 했지요. 큰아이가 전화를 받기에 제가 말했어요. '네 동생이 네가 뒷마당에서 담배를 피우고 있다고 말해 주더구나.' '네……' '오늘 워크숍에서 중요한 걸 배웠단다.' '뭔데요?' '네가 담배 피우는 게 네가 할 수 있는 가장 멋진 일이라는 걸 배웠다.'" 뭐, 제가 꼭 그렇게 하시라고 말씀 드린 건 아니었어요. 제가 말씀 드린 건 꼭 그 말이 아니더라도 공감을 하면서 소통하시라는 거였지요. 어쨌거나, 그분께는 그게 효과가 있었어요. 아들이 공감을 받았거든요. 아들 반응이 어땠냐고 물었더니 이렇게 말씀하시더군요. "지난 2년간 우리가 이 문제에 대해 말다툼해 온 걸로 볼 때 정말 놀라웠어요. 제가 그렇게 말하니까 아들이 한참을 머뭇거리더니 '글쎄요, 그런 건지는 잘 모르겠어요.'라고 하더군요." 사람들은 비판받는다고 느끼지 않으면 방어하는 데 모든 에너지를 쓰지 않아도 됩니다. 다른 선택지를 찾기 시작할 수 있지요.

우리의 목적

비폭력대화에는 제가 아직 언급하지 않은 아주 중요한 측면이 있습니다. 바로 '우리의 목적은 무엇인가?'입니다. 우리의 목적이 상대방으로부터 우리가 원하는 것을 얻어 내는 것이라면 그것은 비폭력대화가 아닙니다. 그래서 앞의 세 살짜리 아이의 경우, 우리의 목적은 그 아이가 다른 아이들을 때리지 않도록 하는 것이 아닙니다. 우리의 목적은 무엇일까요? 우리의 목적은 모든 사람의 욕구가 충족되도록 해주는 연결을 만들어 내는 것입니다. 예컨대, 교사들은 "제가 이야기할 때 아이들이 끼어드는 걸 막으려면 어떻게 하나요?"라고 묻습니다. 그러면 저는 "그것이 선생님의 목적인 한 아이는 끼어들기를 멈추지 않을 겁니다."라고 답합니다. 나이를 불문하고 누구든지, 여러분이 어떤 목적을 달성할 의도를 가지고 자기를 대한다고 생각하면 그들은 저항할 겁니다. 설령 여러분이 원하는 대로 하더라도 아마 여러분은 그 대가를 치르게 될 것입니다. 우리의 목적은 다른 사람이 우리가 원하는 일을 하도록 만드는 것이 결코 아니라고 말하면, 많은 교사나 부모들은 그럼 상대방이 원하는 대로 하게끔 무조건 내버려 두어야 하느냐고 반문합니다. 모든 사람의 욕구가 충족될 수 있도록 하는 연결을 만들어야 한다는 제 말씀을 기억하세요. 그래서 이 세 살 된 아이의 경우에는 모든 사람의 욕구가 충족되도록 연결을 만들기 위해서, 먼저 그 아이의 행동으로 표현되고 있는 느낌과 욕구에 공감으로 연결하는 일부터 시작해야 합니다. 그렇게 하실 수 있겠어요?

여성 참가자 그걸 해보기 위해서 여기 나온 거예요.

느낌과 욕구 듣기

마셜 비폭력대화를 사용한다면 이분이 들을 수 있는 것은 상대방의 느낌과 욕구뿐입니다. 이제 싸움을 중단시켰으니 대화를 시작할 건데요. 이분은 그 아이가 그런 식으로 행동하게 만든 그 아이의 느낌과 욕구를 들으려고 노력할 겁니다. 이분은 그 아이의 행동이 옳은지 그른지, 좋은지 나쁜지 판단하지 않습니다. 이분은 '지금 이 아이의 가슴에서 무엇이 생동하고 있는가?'에 주의를 온전히 집중하고 있습니다. 이분은 이렇게 말할 겁니다. "_____하게 느끼니?" 이분은 아이가 어떻게 느끼는지를 추측한 다음, "_____가 필요하기 때문에?"라고 덧붙일 겁니다. 이분은 다른 사람을 때리는 행동을 통해 표현되고 있는 느낌과 욕구를 들을 거예요. 그럼 시작해 보겠습니다.

여성 참가자 필립, 공을 가지고 싶어서 좌절감을 느끼니?

마셜(아이 역할) 네, 나한테는 절대로 공을 안 줘요. 언제나 나한테서 뺏어 가요. 나한테 절대로 안 준다구요.

여성 참가자 이제 제 스타일대로 들어가려고 해요.

마셜 아뇨, 아뇨. 안됩니다.

여성 참가자 그럼 다른 방법이 있나요?

마셜 너무 이릅니다. 우리는 이런 대화를 네 번이나 다섯 번 또는 여섯 번 더 해야 할 수 있어요. 왜냐하면 우리가 다른 사람에게서 듣는 첫 번째 메시지는 빙산의 일각일 때가 많거든요. 우리가 무언가를 고치기 위해서 너무 빨리 뛰어들면 나머지 메시지들을 결코 볼 수가 없습니다. 상황을 고치려는 사람은 "아무도 나를 좋아하지 않아."라는 말을 들으면 이렇게 대답할 겁니다. "내 생각엔 네가 다른 사람들에게 하는 행동 때문에 그런 것 같아. 네가 다른 사람들을 다른 식으로 대한다면……" 그런 사람들은 바로 뛰어들어서 가르치려고 해요.

우린 아직 그렇게 전환할 준비가 안 되었어요. 저는 많은 사람들에게 "여러분이 고통 받을 때 누군가가 여러분의 느낌과 욕구를 들어 준 적이 얼마나 있습니까?"라고 물었습니다. 제게 이 질문을 받은 사람 가운데 절반 이상이 단 한 번도 그런 경험을 한 적이 없었어요. 필립이 방금 경험한 것, 그 정도의 공감도 받은 기억이 없다는 거예요. 여러분께 말씀 드리고 싶은 점은 이겁니다. 공감은 상대방의 느낌과 욕구에 연결하는 거예요. 여러분이 그렇게 할 때, 상대방은 그것들을 탐색할 아주 멋진 기회를 얻게 됩니다.

그래서 선생님은 "화가 나고, 공을 갖고 싶니?"라고 말씀하셨지요. 그런데 아이는 그것보다 더 깊이 들어갔어요. 아이는 그 순간에 그 공보다 더 많은 걸 표현했어요. 아이는 다른 아이가 절대로 어떤 걸 안 한다고 말했는데, 이건 새로운 메시지입니다. 이것 역시 공감으로 들어 주어야 해요. 아이가 "쟤는 절대로 나한테 공을 안 줘요. 아무도 내가 놀게 해 주지 않아요."

라고 말할 때 선생님은 무엇이 들리세요?

여성 참가자 필립, 다른 아이들과 놀고 싶어서 슬프니?

마셜(아이 역할) 네.

여성 참가자 필립, 또 어떤 느낌이 드니?

당신의 현존이라는 선물

마셜 그런 질문을 조심하셔야 합니다. 그런 질문은 어떤 방향을 지시할 수 있습니다. 공감할 때 우리는 지시하지 않습니다. 따라갑니다. 어떤 것을 **하려고** 하지 말고 그냥 거기에 있으세요. 여러분의 현존은 여러분이 다른 사람에게 줄 수 있는 가장 소중한 선물입니다. 뭔가 하려고 하지 말고, 그냥 느낌과 욕구를 들으면서 여러분의 모습 그대로 거기에 있으세요. 그냥 거기에 있으면서 그냥 들으세요. 이 아이는 정말 슬픕니다. 아이는 정말 소속되고 싶은데 그 욕구가 충족되지 않고 있어요. 그 아이가 더는 하고 싶은 말이 없는 것처럼 보일 때, 아이는 선생님의 이야기를 들을 수 있을 거예요. 선생님이 아이의 말을 들어 주고 난 지금은 선생님 느낌이 어떤지 아이에게 말할 수 있습니다.

여성 참가자 필립, 나는 운동장에서 노는 아이들의 안전이 중요해서 정말 걱정돼.

마셜 그게 그게 왜 비폭력대화가 아닌지를 보여 드리겠습니다. 선생님은 고통을 느낀다고 표현했고, 지금 하고 싶은 부탁으로 끝내지 않았습니다. 상대방이 어떻게 대응하기를 원하는지를 정확하고 분명하게 표현하지 않은 상태에서 절대로 그 사람에게 여러분의 고통을 표현하지 마세요. 여러분이 고통스럽다는 말만 한다면, 상대방은 여러분이 자신에게 죄책감을 느끼게 만들려고 한다고 생각할 겁니다. 선생님이 지금까지 말씀하신 내용은 좋습니다. 그런데 거기서 멈추지 마세요. 지금 이 순간 선생님이 그 아이에게서 무엇을 원하는지로 마무리하세요.

지금 하고 싶은 부탁을 명확하게 하기

상대방에게 여러분의 고통을 표현한 후 여러분이 원하는 것을 말하지 않으면 어떤 일이 일어나는지 보여 드리겠습니다. 한번은 제가 기차를 타고 공항에 가고 있었는데, 공항에 가까워지면서 기차가 속도를 줄였습니다. 아주 느리게요. 제 앞자리에 부부가 앉아 있었는데, 기차 속도가 느려지자마자 남편이 아주 고통스러워하는 거예요. 그러더니 아내에게 말합니다. "내 평생 이렇게 느리게 가는 기차는 처음 봐." 그 남자는 자신의 고통을 다른 사람에게 내놓았습니다, 그렇죠? 하지만 자기가 뭘 원하는지는 말하지 않았어요. 자기 고통을 쏟아 놓기만 하고 그에 대해 무엇을 원하는지를 명확히 하지 않는 건 아주 위험한 일입니다. 그래서 아내가 어떻게 했겠습니까? 아내는 그냥 자리에 앉은 채로 긴장한 표정을 지었어요. 어떻게 대응해야 할지 모르는 겁니다. 그리고 아내는 많은 사람들이 뭘 해야 할지 모를 때 하는 행동을 했어요. 그냥 앉아서 아무 말도 안 하는 것 말이지요. 남편은 어떻게 했을까요? 자신이 원하는 것을 말하지 않았기 때문에 아내가 아무 대응도 하지 않는다는 걸 의식하는 대신, 여러 번 반복해서 말을 하면 마법처럼 자신의 욕구가 충족될 거라고 생각합니다. 그래서 다시 한 번 "내 평생 이렇게 느리게 가는 기차는 처음 봐."라고 말했죠. 그랬더니 그 아내의 반응이 멋집니다. "기차는 전자식으로 운행 시간이 정해져 있어." 물론 그 남자가 원하는 대답은 아니었을 거예요. 보세요. 우리가 무엇을 원하는지를 분명히 말하지 않으면, 우리는 종종 우리가 원하지 않는 쓸데없는 충고와 정보만 받게 되고 맙니다. 그래서 그 남자가 어떻게 했겠습니까? 추측해 보세요. 네. "내 평생 이렇게 느리게 가는 기차는 처음 봐."라는 말을 한 번 더 합니다. 그러니까 아내가 이제 화를 못 참고 폭발해요. "그래서 나한테 어쩌라는 거야. 나가서 밀어?"

그러니까 일단 마음을 열면 거기서 멈추지 마세요. 선생님은 걱정을 하고 있고 운동장이 안전하기를 바랍니다. 선생님이 지금 하고 싶은 명료한 부탁은 무엇인가요? 지금 이 순간에 그 아이가 무엇을 하기를 원하세요?

여성 참가자 필립, 나는 운동장에 있는 다른 아이들의 안전이 걱정돼. 나는 네가 농구장에서 놀면서 다른 아이들도 다치지 않게 하는 방법을 너와 함께 찾아보고 싶구나.

마셜 네, 가까워지고 있습니다. 하지만 "우리가 찾아보면 좋겠다."와 "네가 말해 줬으면 좋겠다."의 차이를 보시기 바랍니다..

여성 참가자 다른 아이들이 다치지 않고 네가 이 농구장에서 편하게 놀려면 무엇이 필요한지 내게 말해 줬으면 좋겠어.

마셜(아이 역할) "모르겠어요."

이때 우리는 적어도 연결은 하고 있습니다. 아이가 그 방법을 모를 수도 있어요. 하지만 적어도 지금은 어떤 일이 가능할지 찾아볼 준비는 되어 있어요. 선생님이 뭔가를 제안할 수도 있겠지요. 어떤 제안을 하시겠습니까?

여성 참가자 필립, 네가 공을 가지고 싶을 때 다른 사람 몸에 손을 대지 않고 할 수 있는 일이 뭔지 한번 생각해 볼 수 있겠니?

마셜(아이 역할) "모르겠어요."

선생님이 아이에게 무언가를 제안해 볼 수 있을 것 같아요. 제 생각엔 아이가 진지하지만 정말 모르는 것 같거든요. 아이는 폭력에 의존하는 것밖에 모르고, 폭력을 하나의 선택으로 생각하고 있을 수 있어요. 많은 어른들도 때리는 것 말고는 다른 방법을 모르지요. 그래서 갈등 상황에서 지금 선생님이 하신 것 같은 말을 듣고는 어찌 할 바를 모를 수 있지요. 선생님이 구체적인 제안을 하셔야 해요.

여성 참가자 필립, 선생님은 뭔가를 원할 때에는 말로 해 보려고 한단다. 예를 들자면, "네가 노란 농구공 가지고 있는 걸 봤는데, 너랑 같이 놀아도 될까?"라고 말할 수 있겠지.

마셜 선생님이 방금 보낸 메시지가 받아들여졌나요?

여성 참가자 아니요.

메시지가 받아들여졌는지 확인하기

마셜 받아들여졌을 수도 있고 안 그랬을 수도 있죠. 우린 알 수 없어요. 저라면 보낸 메시지가 받아들여졌는지 알고 싶을 것 같아요. 왜냐하면 어른들은 대체로, 여러 가지 이유로, 그 메시지를 못 듣기 쉽거든요. 그래서 저라면 이렇게 말할 것 같아요. "내가 정확히 말했는지 확인할 수 있도록 네가 방금 들은 대로 내게 말해 주겠니?"

여성 참가자 필립, 말로 하는 방법은 대해 어떻게 생각하니?

마셜(아이 역할) "그 애한테 공을 달라고 했는데, 그래도 그 애는 안 줬어요."

여성 참가자 저는 느낌으로 돌아갈 것 같아요. 저라면 이렇게 말하겠어요. "그 공이 가지고 싶어서 아직도 정말 실망스럽구나?"

마셜(아이 역할) "네. 말로 했는데 안 줬어요."

여성 참가자 필립, 네가 농구장에서 놀고 싶다면, 공을 얻으려고 다른 아이 몸에 손을 대는 건 선택지가 될 수 없어.

마셜 하지만 선택이에요. 그 아이는 그렇게 했거든요. 아이는 그게 한 가지 선택이란 걸 알아요. 왜 도대체 아이한테 거짓말을 하시죠?

여성 참가자 저희 학교에서는 그건 선택지가 아니에요.

마셜 하지만 아이는 그렇게 할 수 있다는 걸 알아요. 한 가지 예를 들어 볼게요. 미국에 있는 한 고등학교에서 워크숍을 하던 때였는데, 제가 인간에겐 언제나 선택이 있다니까 교장 선생님이 그 말을 별로 안 좋아하셨어요. 사람들에겐 언제나 선택이 있습니다. 그 교장 선생님이 "미주리 주에는 법이 있다는 걸 모르시는 것 같군요. 아이들은 열여섯 살까지 학교를 다녀야 하고 거기에는 선택의 여지가 없습니다."라고 하시더군요. 이상한 말씀이었어요. 왜 이상한지 아시겠어요? 미주리 주 교육부에서 제게 그 학교에서 워크숍을 해 달라고 부탁한 것은 날마다 아무런 사유를 밝히지 않고 결석하는 학생이 전체의 30퍼센트가 넘기 때문이었거든요. 그런데 그 학교 교장 선생님이 학생들은 학교에 오는 것 말고는 선택권이 없다고 말씀하시는 겁니다. 30퍼센트나 되는 학생들이 다른 선택지가 있다는 걸 알았는데 말이죠.

비폭력대화로 선생님 메시지를 이렇게 표현할 수 있겠네요. "네게 선택권이 없다는 게 아니야. 네가 그 선택을 한다면 나는 이렇게 하겠다는 말이지." 여기서 우리는 다시 보호를 위한 힘의 사용에 대해 이야기해야 합니다. 제가 무슨 말을 하건 간에 벌을 주려는 것이 아니라는 점을 명확히 할 필요가 있습니다. 그것은 저의 의도가 아닙니다. 저의 의도는 보호하는 것입니다. 저는 어떤 욕구가 있습니다. 그래서 이렇게 말할 수 있을 것 같습니다. "네가 그렇게 하는 걸 내가 본다면 나는 이렇게 할 거야." 보셨지요? 저는 상대방이 선택할 수 있다는 걸 부인하지 않습니다. 다만, 그에 대해 제가 어떤 선택을 할 것인지를 알려 주지요.

여성 참가자 그러니까 필립, 네가 정말로 그 노란 농구공을 가지고 바깥의 농구장에서 놀고 싶어 한다는 건 알겠어. 그런데 나는 사람들이 공을 가지려고 물리적인 힘을 쓰는 걸 보는 게 불편해. 네가 그런 선택을 한다면, 우리는 안으로 들어가서 다른 할 일을 찾게 될 거야.

마셜 그 아이에게 한 가지 확인할 게 있습니다. (아이에게 묻는 것처럼) "선생님이 네게 뭐라고 말씀하셨는지 내게 말해 주겠니? 네가 때리는 거에 대해 선생님이 어떻게 느끼시는 것 같아?" "때리면 안 된다고 하셨어요." 제가 듣기에 선생님은 그렇게 말씀 안 하셨어요. 선생님은 다른 사람들이 안전하기를 바라기 때문에 걱정이 된다고 말씀하신 것으로 저는 들었습니다. 하지만 선생님의 느낌과 욕구를 들으려면 상대방이 비폭력대화를 사용해야 해요. 그 아이가 선생님의 말을 듣는 방식으로 봐서는 아이가 선생님의 느낌과 욕구를 들었을지 저는 확신을 못 하겠어요. 제 생각에 아이는 선생님이 자기를 이해했다고 느낄 거예요. 하지만 선생님의 느낌과 욕구를 들었는지는 잘 모르겠습니다. 그래서 제가 아이에게 선생님의 느낌과 욕구가 무엇인지 말해 달라고 부탁한 겁니다. 아이는 때리면 안 된다는 말로 들었어요. 어떤 행동을 하면 안 된다고 듣는 한, 사람들은 그 행동을 계속하거나 아니면 모든 사람이 나중에 대가를 치르게 될 이유로 그것을 중단할 겁니다.

여성 참가자 그럼 한 가지 여쭤 봐도 될까요?

마셜 네.

여성 참가자 필립하고 제가 한 대화는 그것과 완전히 달랐어요. 필립이 또 다른 아이를 붙잡기에 제가 심호흡을 열 번 하고 필립에게 가서, "필립, 방금 무슨 일이 있었는지 말해 주겠니?"라고 했죠. 필립이 "접착제를 뿌리면 안 돼요." 하더군요. 그래서 제가 "나는 지금 접착제를 걱정하는 게 아니야. 난 사람들의 안전을 걱정하고 있어."라고 했어요. 그랬더니 필립은 "복도에서 뛰면 안 돼요."라고 해요. 그러고는 계속 이렇게 ……

마셜 필립이 선생님 안의 아름다움을 보지 않기 때문이에요. 아이는 선생님 안의 아름다움을 보고 있지 않아요. 아이는 선생님을 '해야만 한다고 말하는 사람'으로 보고 있어요. 아이가 선생님을 '해야만 한다고 말하는 사람'으로 보는 한, 선생님이 자기한테 바라는 행동은 뭐든 요리조리 빼며 치과에 가지 않는 것처럼 즐기겠죠. 아이는 선생님 말을 자기한테 '끊임없이 뭘 해야만 한다고 말하는 것'으로 듣고 있어요. 선생님이 계속 자기한테 어떤 걸 해야 한다고 말하는 걸로 듣는 한, 아이는 선생님이 원하는 것에 저항하거나 아니면 아무에게도 도움이 되지 않는 에너지로 그 일을 할 거예요. 어떤 어른이 "난 담배 피우면 안 돼. 난 담배를 끊어야 해. 난 살을 빼야 해."라고 말하는 걸 들어 보신 적 있나요? 그 사람들은 어떻게 합니까? 저항합니다. 우리는 노예가 되려고 태어난 게 아니에요. '해야만 한다'는 노예의 언어입니다. 인간은 '해야만 한다'에 저항해요. 아이가 "접착제를 뿌리면 안 돼요. 다른 사람을 때리면 안 돼요."라고 말할 때 아이는 선생님께 아주 큰 메시지를 전달하고 있습니다. 아이는 선생님의 느낌과 욕구를 듣고 있지 않아요. 그래서 아이가 듣는 것에 익숙해지는 것이 아니라 선생님이 무슨 말을 하는지를 듣도록 거듭 확인할 필요가 있어요.

　(아이에게 말하는 것처럼) "필립, 내가 듣기에 선생님은 모든 사람이 안전하기를 원하기 때문에 걱정된다고 말씀하시는구나. 선생님이 무슨 말을 하셨는지 내게 말해 주겠니?" "애들 때리면 안 돼요." "네가 들은 걸 말해 줘서 고맙구나. 나는 다르게 들었는데, 내가 보기에는 선생님의 느낌을 듣는 게 정말 중요한 것 같구나." 아이가 선생님을 인간으로 보기 전에는 선생님을 위해서 하는 일은 뭐든 재미가 없을 겁니다. "나는 선생님이 정말 두렵고 걱정된다고 말씀하시는 걸로 들었어. 네가 그걸 말해 줄 수 있겠니?" "네?" "내가 듣기에, 선생님은 두렵고 걱정된다고 말씀하셨어. 그걸 다시 말해 줄 수 있겠니?" "선생님은 두렵고 걱정되세요." "나는 이제 네가 선생님의 욕구를 들었

으면 좋겠구나. 선생님은 모든 사람이 안전하기를 바라셔. 그걸 다시 말해 주겠니?" "선생님은 모든 사람이 안전하기를 바라세요." 이제 우리는 더 잘 연결되었습니다. 이젠 문제를 해결하기가 훨씬 쉬울 거예요. 이 연결이 있기 전에는, 선생님이 아이의 느낌과 욕구를 듣기 전에는, 아이가 선생님의 느낌과 욕구를 듣기 전에는, 조금이라도 강요가 들어가면, 조금이라도 비판이 들어가면, 해결이 아니라 전쟁이 될 거예요."

이제 아이가 선생님의 욕구를 알았으니 제가 이렇게 말할 수 있습니다. "그러면 다른 사람들과 놀고 싶은 너의 욕구와 안전에 대한 선생님의 욕구를 함께 충족할 수 있는 방법이 있을까?" "잘 모르겠어요." "선생님께서 하신 말씀으로 돌아가 보고 싶구나. 다른 아이들에게 공을 달라고 부탁하는 건 어떻겠니?" "말로 해도 안 줘요." "네가 뭐라고 부탁하는지 들어 보고 싶은데." "공 줘."라고 했어요. "난 네가 다른 식으로 부탁하는 걸 고려해 봤으면 좋겠다. 그렇게 해 보겠니?" 아이는 다시 한 번 자신이 이해받기를 원한다는 메시지를 표현하고 있습니다. "말로 하는 것이 별로 내키지 않는 것 같구나. 아무것도 도움이 안 될 것 같아?" "아무것도요. 아무도 내 말을 안 들어 줘요." "그래서 좀 슬퍼?" "사람들이 네 말에 귀 기울여 줬으면 정말 좋겠는데, 어떻게 하면 그렇게 될 수 있는지 모르겠니?" "모르겠어요. 아빠는 내 말을 안 들어 줘요." "집에서도 정말로 슬프구나? 사람들이 네 말을 들어 주기를 원해?" "네." "그런 느낌들을 내게 이야기해 줘서 정말 기쁘다. 네가 어떤 걸 원할 때 사람들이 그걸 안 줄 거라고 네가 절망적으로 느끼고 있다는 걸 내가 더 잘 이해하게 되었어." "네." "그래, 우리가 다른 식으로 요청하면 어떻게 될지 나는 적어도 시도라도 해 보고 싶은데. 나랑 함께 그렇게 해 보겠니?"

처음보다 훨씬 더 많이 들어야 한다는 걸 제가 알게 된 걸 보셨을 거예요. 다른 사람들이 자기 말을 들어 주지 않는 것에 대해 굉장히 많은 느낌들, 많은 고통이 있습니다. 그리고 여러분은, 우리가 지금 당장 다른 방법을 찾아서 문제를 해결하지 않는다 하더라도, 단순히 공감만으로도, 때리는 행동 뒤에 있는 고통을 이해하는 것만으로도, 때리는 행동이 멈추는 걸 발견하시게 될 거예요. 필립에게 또 하시고 싶은 말씀 있으세요?

여성 참가자 저는 뭔가 확인하는 과정을 만들고 싶어요. "한 시간 동안 시도해 보자. 그리고 네가 어떤지 내가 와서 볼게." 같은…….

마셜 그런 확인은 "네가 부탁하는 방법을 좀 바꾸어 보면 좋겠구나."라는 말로 들리는데요. 이렇게 해 보시면 어떨까요? "필립, 다음에 네가 뭔가 원할 때에는 '공 줘.'라고 말하는 대신 '그 공 내가 가지고 놀아도 될까?'라고 해 보면 어떻겠니? 그렇게 말해 보겠니? 그렇게 한번 해 보고 나서 나한테 와서 말해 주면 어때? 그게 만약 효과가 없으면 다른 방법을 시도해 보자. 그렇게 해 보겠니?" "좋아요." "그래. 그리고 때리지 않고 그렇게 해 볼 수 있겠어?" "네." 그런 확인을 말씀하시는 건가요?

여성 참가자 네. 저는 처음부터 "말로 해야지, 말로 해."라고 했어요. 그런데 아이들에게 그런 상황에서 쓸 말이 전혀 없다는 걸 알게 되었어요. 그래서 아이들한테 "그런 상황에서는 나는 이렇게 말해."라고 알려 주고는 저를 상대로 연습하게 하는데, 그게 상당히 도움이 되더라고요.

마셜 물론이죠. 말로 해야죠. 그런데 어떤 말은 상황을 더 나쁘게 만들어요. 그래서 우리가 '그런 상황에서 어떻게 기린 말(비폭력 대화)을 하는지 가르쳐 줄게요.'라는 말로 시작하는 것이 중요합니다. 그런 다음, 역할극을 하고 학생들이 그런 상황에서 자신의 느낌과 욕구를 어떻게 표현할 수 있는지 보여 주지요. 실제로 제가 방금 선생님께 보여 드린 것을 어떻게 하는지 보여 줍니다. 우리는 학생들에게 다른 사람이 공을 주지 않는 이유에 먼저 공감하는 법을 보여 준 다음에, 최대한 강요처럼 들리지 않는 방식으로 자신의 고통을 표현하는 방법을 보여 줍니다. 아이에게 더 하실 말씀 있으신가요?

여성 참가자 필립, 네가 여기 서서 나랑 이야기해 주어서 정말 고마워. 선생님은 네가 정말 즐겁게 지내고, 다른 사람들이 안전하기를 원하거든. 고맙다.

어떻게 감사가 판단처럼 느껴질 수 있는가

마셜 필립은 그 말씀을 받아들이기 어려울 거예요. 왜냐하면 **자칼 말을 하는 사람들이 가장 듣기 어려운 메시지 중 하나가 감사 표현이** 거든요. 특히 선생님이 방금 하신 것처럼 비폭력대화로 표현할 때 그렇습니다. 선생님이 "이렇게 하다니 참 착하구나."라고 자칼식으로 칭찬하시지 않았다는 걸 여러분께 말씀드리고 싶습니다. 선생님은 어떤 칭찬도 하지 않으셨어요. 선생님은 가슴으로부터 말씀하셨습니다. 느낌과 욕구로 감사를 표현하셨죠. 찬사와 칭찬은 굉장한 자칼입니다. 선생님이 "우리가 방금 한 것처럼 이야기를 하다니, 넌 정말 착한 학생이구나."처럼 긍정적인 판단으로 아이에게 상을 주었다면, 그건 "넌 나쁜 학생이야."라고 말하는 것만큼이나 폭력적인 언어입니다. 하지만 선생님은 그렇게 하지 않으셨어요. 가슴으로부터 말씀하셨죠. 비폭력대화를 사용하지 않는 사람들은 가슴으로부터 우러난 감사를 듣는 걸 아주 어려워합니다. 감사를 판단으로 듣는 세상에서 살아왔기 때문이죠. 사람들은 자신이 감사를 받을 만한 자격이 있는지, 감사가 보상으로 이용되고 있지는 않은지 궁금해 합니다. "고마워."라는 말이 보상으로 사용될 때가 굉장히 많은데, 그건 감사의 아름다움을 확실하게 망치는 길입니다.

그래서 필립은 선생님의 감사가 자신을 조종하는 또 다른 방법일까 봐 두려워합니다. 하지만 선생님이 말씀하신 방식으로 볼 때 그렇게 들리지는 않았어요. 선생님은 정말로 가슴으로 부터 우러나, 자신이 어떻게 느끼고 있으며 그런 식의 대화가 선생님의 어떤 욕구를 충족시켰는지 말씀하셨지요. 이미 말씀 드린 것처럼, 필립은 감사를 받아들이기가 상당히 두려웠습니다. 그래도 저는 선생님이 감사 표현을 하셔서 기쁩니다. 비록 받아들이기 어렵더라도 필립은 그걸 들을 필요가 있기 때문이죠. 저라면 필립이 그걸 들었는지 확인해 볼 수도 있을 것 같아요. "우리가 함께 이야기한 것에 대해 내가 어떻게 느끼는 지, 내가 방금 말한 걸 네가 들은 대로 말해 주겠니?" "문제가 있으면 이런 식으로 말해야 한다고 말씀하셨어요." "네가 들은 것을 말해 줘서 고마워. 하지만 난 네가 약간 다르게 들어 주길 바라. 내가 얼마나 고맙게 느끼는지를 네가 알아주었으면 해. 무슨 일이 있을 때 이런 식으로 이야기할 수 있는 게 나한테는 중요하기 때문에 내가 고마워한다는 것을 네가 알아주었으면 좋겠어. 내가 방금 말한 걸 다시 말해 주겠니?" "모르겠어요." "내게는 이게 중요하단다. 내가 다시 말해 줄게. 내 느낌을 말해 줄게. 정말 고맙다. 방금 내가 한 말을 말해 주겠니?" "선생님이 고맙다고요." "고맙구나. 그리고 그건 너와 연결하려는 내 욕구를 충족시켜 준다. 연결한다는 게 무슨 말인지 알겠니?" "조금은요." "그건 우리가 사이좋게 지내길 바라는 내 욕구를 충족시킨다는 뜻이야. 방금 내가 한 말을 다시 말해 주겠니?" "사이좋게 지내고 싶은 욕구를 충족시켜요." "그걸 들어 줘서 고맙구나." 제게는 사람들이 저의 고통만큼이나 저의 감사를 들어 주는 것이 중요합니다. 저는 사람들이 제 고통을 비판으로 듣지 않고, 제 감사를 칭찬으로 듣지 않고, 그 둘을 모두 듣기를 바랍니다. 괜찮으시겠어요? 역할극에 자원해 주셔서 감사합니다.

여성 참가자 감사합니다.

요약

갈등을 겪는 사람과 대화를 시작할 때 가장 중요한 것은 상대방이 자신의 행동에 대해 전혀 비판받는다고 느끼지 않는 방식으로 그 사람과 대화를 시작하는 것입니다. 우리의 목표는 모든 사람의 욕구가 충족되도록 하는 연결(공감적 연결)을 만들어 내는 것입니다. 우리는 비폭력대화를 사용해서 상대방의 느낌과 욕구를 듣습니다. 우리는 언어적, 비언어적 커뮤니케이션을 통해 전달되는 상대방의 메시지에 귀를 기울입니다. 비폭력대화를 사용할 때 우리는 모든 메시지를 느낌과 욕구의 표현으로 듣습니다. 비폭력대화에서는 또 보호 목적으로 힘을 사용하는 것과 처벌 목적으로 힘을 사용하는 것의 차이를 인식합니다. 우리는 우리가 하는 모든 말이 처벌하기 위한 것이 아니라 보호하기 위한 것임을 분명히 해야 합니다. 상대방의 선택을 부인하는 대신, 우리는 우리가 어떤 선택을 할 것인지를 말합니다. 우리는 지금 하고 싶은 분명한 부탁으로 우리의 욕구를 표현합니다. 칭찬과 감사 표현은 판단으로 들릴 때가 많습니다. 우리의 목적인 연결을 만들어 내는 데에는, 사람들이 우리의 고통만큼이나 우리의 감사를 듣는 것도 중요합니다. 보낸 메시지와 접수된 메시지가 같은지를 상대방에게 확인하는 것이 종종 도움이 됩니다. 그리고 마지막으로, 여러분이 다른 사람에게 줄 수 있는 가장 소중한 선물은 여러분의 말보다 여러분의 현존입니다.

이 발췌 글에는 마셜이나 CNVC 인증지도자와 같은 시간과 공간에서 공유한 경험이 빠져 있습니다. NVC 메시지의 힘, 따뜻함, 그리고 감동적인 경험은 직접 훈련에 참가함으로써 증폭됩니다. 현장에서 청중과 상호작용하는 것은 글로는 다 옮기기 힘든 배움의 과정입니다.

욕구가 충족되었을 때

•가벼운	•고마운	•기쁜	•든든한
•뭉클한	•뿌듯한	•생기가 도는	•신나는
•안심한	•자랑스러운	•즐거운	•충만한
•편안한	•평온한	•평화로운	•홀가분한
•흐뭇한	•흥미로운	•희망에 찬	•힘이 솟는

욕구가 충족되지 않았을 때

•걱정되는	•괴로운	•꺼림칙한	•낙담한
•난처한	•답답한	•당혹스러운	•두려운
•불편한	•슬픈	•실망스러운	•아쉬운
•외로운	•우울한	•절망적인	•조바심 나는
•지루한	•짜증 나는	•혼란스러운	•화나는

자율성autonomy
•꿈/목표/가치를 선택할 수 있는 자유
•자신의 꿈/목표/가치를 실현하기
  위한 방법을 선택할 자유

인생예찬/축하celebration/애도mourning
•생명의 탄생이나 꿈의 실현을 축하하기
•잃어버린 것(사랑하는 사람, 꿈 등)을
  애도하기

진정성/온전함integrity
•자기 존재에 대한 믿음
•창조성 •의미 •자기 존중 •정직

몸 돌보기physical nurturance
•공기 •음식 •물
•신체적 보호 •따뜻함
•자유로운 움직임 •운동
•휴식 •성적 표현 •주거 •잠

놀이play
•재미
•웃음

영적 교감spiritual communion
•아름다움
•조화 •영감
•평화 •질서

상호 의존interdependence
•수용 •감사 •친밀함
•공동체 •배려
•삶을 풍요롭게 하기 위한 기여
•정서적 안정 •공감 •연민
•돌봄 •소통 •협력
•나눔 •인정 •우정
•사랑 •안심 •존중
•지지 •신뢰 •이해

★ 위의 느낌과 욕구 목록에 자신의 것을 추가해 보십시오.

NVC를 적용하는 방법

말하기	듣기
상대방을 비난하지 않으면서	상대방의 말을
나 자신을 솔직하게 말할 때	공감으로 들을 때

관찰

상황을 있는 그대로 관찰하기
"내가 ~을 보았을(들었을) 때"

상황을 있는 그대로 관찰하기
"네가 ~을 보았을(들었을) 때"

느낌

나의 느낌
"나는 ~하게 느낀다."

상대방의 느낌
"너는 ~하게 느끼니?"

욕구/필요

나의 느낌 뒤에 있는 욕구/필요
"왜냐하면 나는 ~이 필요(중요)하기
때문에……"

상대방의 느낌 뒤에 있는 욕구/필요
"왜냐하면 너는 ~이 필요(중요)하기
때문에……"

부탁/요청

내가 부탁하는 구체적인 행동
연결부탁
"내가 이렇게 말할 때
너는 어떻게 느끼니(생각하니)?"

행동부탁
"~를(을) 해 줄 수 있겠니?"

상대방이 부탁하는 구체적인 행동
"너는 ~를 바라니?"

CNVC와
한국NVC센터(한국비폭력대화센터)

CNVC The Center for Nonviolent Communication

CNVC는 NVC를 배우고 나누는 일을 지원하고, 개인과 조직, 정치적 환경 속에서 일어나는 갈등들을 평화롭고 효과적인 방법으로 해결하는 것을 돕기 위해 1984년 마셜 로젠버그가 설립했다.

CNVC는 모든 사람의 욕구를 소중히 여기고, 삶이 가진 신성한 에너지와 연결된 의식으로 살아가는 사람들이 서로에게 즐거운 마음으로 기여하며, 갈등을 평화롭게 해결하는 세상을 지향한다.

CNVC는 지도자인증프로그램, 국제심화교육(IIT), NVC 교육과 NVC 공동체 확산을 위한 활동을 하고 있다. 현재 900여 명의 국제 인증지도자들이 전 세계 80개국이 넘는 지역에서 활동하고 있다.

9301 Indian School Rd NE Suite 204

Albuquerque, NM 87112-2861 USA

website: www.cnvc.org / e-mail: cnvc@cnvc.org

한국NVC센터(한국비폭력대화센터)

모든 사람의 욕구가 존중되고 갈등이 평화롭게 해결되는 사회를 이루려는 꿈을 가진 사람들이 2006년 캐서린 한^{Katherine Singer}과 힘을 모아 만든 비영리 단체이다. 한국NVC센터는 NVC 교육과 트레이너 양성을 통해 우리 사회에 기여하기 위해 설립되었다. 교육은 (주)한국NVC교육원에서 진행하고 한국NVC센터(NGO)는 NVC의 의식을 나누는 활동을 하고 있다.

한국NVC센터가 하는 일

- NVC 교육 (한국어/영어)

  소개, NVC 1 2 3, NVC 집중, NVC LIFE, IIT(국제심화교육), 중재교육, 부모교육, 놀이로 어린이들에게 NVC를 가르치는 스마일 키퍼스 Smile Keepers, 가족캠프, NVC 심화를 돕는 다양한 주제별 강의 등

- 외부교육

  기업, 학교, 각종 기관 등 조직 안에 조화로운 관계를 만들기 위하여 요청과 필요에 맞춰 교육과정을 제공

- 상담(개인/부부/집단)

  내담자의 느낌과 욕구에 공감하며, 더 행복하게 사는 데 도움이 되는 행동이나 결정을 내담자가 찾아가도록 도와주는 상담

- 중재

  한국NVC중재협회를 통해 중립적인 위치에서 느낌과 욕구에 기반을 둔 대화를 도와줌으로써 모두의 욕구가 충족될 수 있는 방법을 찾아 가도록 한다. 현재 지방법원과 서울가정법원에서 조정위원으로 활약하고 있다.

- **연습모임 지원**

  모임을 위한 장소를 대여하고 연습을 위한 정보와 자료를 제공한다. 현재 전국에서 50여개의 모임이 진행되고 있다.

- **교재·교구 연구개발, 제작 및 판매**

- **번역, 출판 사업**

* 그 밖에도 비폭력대화의 확산을 위해 보호관찰소, 법원, 공부방 등과 탈북인을 위한 여러 가지 일을 하고 있다.

사회공헌사업문의 nvccenter@krnvc.org 02-391-5585
후원문의 nvc@krnvc.org 02-6085-5581
수강문의 nvc123@krnvcedu.com 02-325-5586
출강의뢰 workshop@krnvcedu.com 02-6085-5585
출판 및 판매 books@krnvcbooks.com 02-3142-5586
홈페이지 www.krnvc.org Fax 02-6008-5585
주소 (03035) 서울특별시 종로구 자하문로17길 12-9, 2층

비폭력대화 Nonviolent Communication

마셜 B. 로젠버그 지음 | 캐서린 한 옮김 | 한국NVC센터 | 18,000원

Nonviolent Communication: A Language of Life(3rd edition)의 번역서. NVC의 기본 개념, NVC 모델, 프로세스 등이 자세히 나와 있는 기본 텍스트다. 2004년에 나온 초판의 개정증보판으로, 디팩 초프라의 머리말과 '갈등 해결과 중재'를 다룬 제11장이 새로 추가되었다.

비폭력대화 워크북
Nonviolent Communication Workbook

루시 루 지음 | 한국NVC센터 옮김 | 한국NVC센터 | 16,000원

NVC 인증지도자인 루시 루의 개인과 연습모임을 위한 안내서. Nonviolent Communication Companion Workbook의 번역서로서, 기본 텍스트인 마셜 로젠버그의 『비폭력대화』에 맞춰 한 장 한 장 연습할 수 있도록 도와준다. NVC를 연습해 볼 수 있는 다양한 활동과 연습모임 리더에게 도움이 되는 제안 등이 담겨 있다.

갈등의 세상에서 평화를 말하다
Speak Peace in a World of Conflict

마셜 B. 로젠버그 지음 | 정진욱 옮김 | 캐서린 한 감수 | 한국NVC센터 | 12,000원

NVC의 원리를 적용해 자기 내면에서, 타인과의 관계에서, 그리고 다양한 사회조직 안에서 발생하는 갈등과 문제를 평화적으로 해결하는 방법을 알려 준다. 실제 사례와 연습 중심으로 구성된 실천 지침서.

삶을 풍요롭게 하는 교육 Life-Enriching Education

마셜 B. 로젠버그 지음 | 캐서린 한 옮김 | 한국NVC센터 | 13,000원

교육 현장에서 교사와 학생들이 비폭력대화를 통해 자율성과 상호 존중을 배울 수 있는 학습 환경을 만들어 가는 방법을 보여 준다. 라이앤 아이슬러가 서문을 쓰고, P.E.T.의 토머스 고든이 추천하는 책이다. 교사들을 위한 비폭력대화.

크리슈나무르티, 교육을 말하다
Education and the Significance of Life

J. 크리슈나무르티 지음 | 캐서린 한 옮김 | 한국NVC센터 | 12,000원

독창적 사상가 크리슈나무르티가 '교육은 무엇인가?'라는 질문에 답한다. 잘못된 사회 구조와 가치관에 대한 순응, 두려움과 경쟁, 갈등과 비참을 부추기는 현대 교육의 문제점을 꼬집고, 통합적 자기 이해를 바탕으로 주위의 모든 것과 바른 관계를 맺도록 돕는 교육 본연의 모습으로 돌아가라고 촉구하는 교육론의 고전.

비폭력대화(NVC) 작은책 시리즈 ❶
자녀가 '싫어'라고 할 때 Parenting from Your Heart

인발 카스탄 지음 | 김숙현 옮김 | 캐서린 한 감수 | 한국 NVC센터 | 9,800원

부모와 자녀들에게 NVC가 실제로 어떻게 도움을 줄 수 있는지 소개하고 있다. 힘든 상황에서도 서로 신뢰를 쌓고 협력을 증진할 수 있는 방법을 제시한다.

비폭력대화(NVC) 작은책 시리즈 ❷
우리 병원 대화는 건강한가?
Humanizing Health Care

멜라니 시어스 지음 | 이광자 옮김 | 캐서린 한 감수 | 한국NVC센터 | 12,000원

환자를 더 잘 돌보고, 의료 기관에 종사하는 모든 사람들이 건강하기 위해서 병원의 권위적인 문화를 어떻게 바꾸어 나가야 하는지 자세히 알려 준다. 실제 병원에서 NVC가 가져온 효과를 보여주고 있다.

비폭력대화(NVC) 작은책 시리즈 ❸
정말 배고파서 먹나요? Eat by Choice, Not by Habit

실비아 해스크비츠 지음 | 민명기 옮김 | 캐서린 한 감수 | 한국NVC센터 | 11,000원

NVC 프로세스를 적용해 음식을 먹는 패턴 뒤에 있는 정서 의식을 더 깊이 탐구할 수 있도록 도와준다. 음식과 더 건강한 관계를 맺는 실질적인 방법을 제시한다.

비폭력대화(NVC) 작은책 시리즈 ④

비폭력대화NVC와 실천적 영성Practical Spirituality

마셜 B. 로젠버그 지음 | 캐서린 한 옮김 | 한국NVC센터 | 8,000원

비폭력대화의 영적인 기반에 대한 마셜 로젠버그의 간결하고 즉흥적인 설명을 담고 있다. 자신과 다른 사람 안에 있는 신성과 연결하고, 공감과 연민의 세상을 만들어 내기 위한 영감을 받을 수 있을 것이다.

비폭력대화(NVC) 작은책 시리즈 ⑤

분노의 놀라운 목적The Surprising Purpose of Anger

마셜 B. 로젠버그 지음 | 정진욱 옮김 | 한국NVC센터 | 8,000원

분노는 우리 욕구가 충족되지 못하고 있음을 알리는 경보이고, 따라서 내면의 소중한 것들에 연결되도록 우리를 이끄는 선물이다. 마셜 로젠버그가 NVC 프로세스를 분노 다루기에 적용해 문제를 평화적으로 해결해 가는 방법을 알려 준다.

비폭력대화(NVC) 작은책 시리즈 ⑥

비폭력대화와 사랑
Being Me, Loving You

마셜 B. 로젠버그 지음 | 이경아 옮김

사랑이란 우리가 다른 사람에 대하여 느끼는 감정, 그것도 강렬한 감정이라고 생각하는 사람이 많다. 마셜 로젠버그가 사랑을 그와 전혀 다르게, 그리고 삶을 풍요롭게 하는 방식으로 이해하도록 우리를 돕는다.

자칼 마을의 소년 시장The Mayor of Jackal Heights

리타 헤이조그, 캐시 스미스 지음 | 페기 파팅턴 일러스트 | 캐서린 한 옮김
한국NVC센터 | 9,000원

비폭력대화의 개념을 동화로 표현한 작품이다. 서로의 차이를 인정하고 갈등을 평화롭게 해결하기 위한 비폭력대화의 핵심을 재미있게 표현하고 있다.

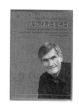

마셜 로젠버그 박사의
비폭력대화 입문과정 DVD

한국NVC센터 | 한글/영어 자막, 1세트 2DVD | 45,000원

마셜이 진행한 NVC 입문과정 워크숍The Basics of Nonviolent Communication을 녹화한 것이다. NVC를 처음 배우는 사람에게 훌륭한 기본교재일 뿐만 아니라, 이미 알고 있는 사람에게도 깊이 있게 이해하는 데 도움이 된다. 마셜이 기타를 치면서 노래도 하며 실제 사례를 들고 있어 재미있게 배울 수 있다.

비폭력대화 공감카드게임
그로그(GROK)

한국NVC센터 | 30,000원

느낌카드 한 묶음, 욕구카드 한 묶음, 여러 가지 게임에 대한 설명서가 들어 있다. 자신의 욕구를 더 명확하게 인식하고, 쉽게 상대방에게 공감할 수 있으며, 모임에서 놀이하듯 활용할 수 있다. NVC를 모르는 사람, 특히 아이들과 NVC를 나누는 데 효과적이다.

NVC 느낌욕구 자석카드

한국NVC센터 | 45,000원

느낌 자석카드 50개, 욕구 자석카드 50개가 들어 있다. 어린이, 청소년들의 학교 현장, 각종 교육기관, 가정 등에서 자신을 솔직하게 표현하고 다른 사람에게 공감하는 것을 배울 수 있는 교육 교재로 교육, 상담, 놀이에 활용할 수 있다.

기린/자칼 귀 머리띠(Ears)
개당 10,000원

기린/자칼 손인형(Puppets)
개당 15,000원

손인형과 귀 머리띠 세트 (각 1개씩 총 4개 한 세트) 세트 40,000원

만해마을 집중심화 DVD(한국어 통역)

로버트 곤잘레스, 수잔 스카이

세트 250,000원(비참가자) 200,000원(참가자)
낱개 20,000원(비참가자) 15,000원(참가자)

2007년 5박 6일간 한국NVC센터 주최로
인증지도자인 로버트 곤잘레스와 수잔 스카이를 초청해서
진행한 집중심화 훈련을 DVD로 정리한 것이다.

1. 집중심화 훈련 소개와 트레이너, 참가자 소개
2. NVC의 기본
3. Need에 대하여, Living Energy로 말하기
4. 공감에 대하여―수잔 스카이
5. 공감에 대하여―로버트 곤잘레스
6. 충족되지 않은 욕구의 아픔을 욕구의 아름다운 힘으로 바꾸기(시범)
7. 충족되지 않은 욕구의 아픔을 욕구의 아름다운 힘으로 바꾸기(실습)
8. 지배 체제와 파트너십 체제
9. Power-under와 Power-over(지배를 당하기, 지배하기)
10. 거절하기와 거절 받아들이기―수잔 스카이
11. 자극받는 말이나 행동―로버트 곤잘레스
12. 솔직하게 표현하기―수잔 스카이
13. 욕구가 갈등하고 있는 것처럼 보일 때―로버트 곤잘레스
14. Closing 1
15. Closing 2